INITIATION FINANCIÈRE

PAR RAPHAËL-GEORGES LÉVY
MEMBRE DE L'INSTITUT

AF331948

VINGT ET UNIÈME MILLE

LIBRAIRIE HACHETTE
79, BOULEVARD SAINT-GERMAIN, PARIS

INITIATION
FINANCIÈRE

8° V
47351

COLLECTION DES INITIATIONS

En vente :

INITIATION LITTÉRAIRE
Par É. Faguet,
de l'Académie Française.

INITIATION PHILOSOPHIQUE
Par É. Faguet,
de l'Académie Française.

INITIATION FINANCIÈRE
Par R.-G. Lévy,
Membre de l'Institut.

INITIATION ARTISTIQUE
Par L. Hourticq,
Professeur à l'École des Beaux-Arts.

INITIATION MUSICALE
Par Ch.-M. Widor.

INITIATION JURIDIQUE
Par M. Massé,
Président du Tribunal de simple police
de Paris.

**INITIATION A L'HISTOIRE
DE FRANCE**
Par Ch. Richet,
Membre de l'Institut.

INITIATION A LA MÉDECINE
Par le Dʳ Henri Bouquet.

En vente :

INITIATION MATHÉMATIQUE
Par C.-A. Laisant,
Examinateur à l'École Polytechnique.

INITIATION ASTRONOMIQUE
Par Camille Flammarion,
Directeur de l'Observatoire de Juvisy.

INITIATION CHIMIQUE
Par Georges Darzens,
Répétiteur à l'École Polytechnique.

INITIATION A LA MÉCANIQUE
Par Ch.-Éd. Guillaume,
Directeur du Bureau international des
Poids et Mesures

INITIATION ZOOLOGIQUE
Par E. Brucker,
Docteur ès sciences naturelles.

INITIATION BOTANIQUE
Par E. Brucker,
Docteur ès sciences naturelles.

INITIATION A LA PHYSIQUE
Par F. Carré,
Agrégé de Physique.

La collection des Initiations scientifiques a été fondée par C.-A. Laisant, examinateur d'admission à l'École Polytechnique.

INITIATION FINANCIÈRE

PAR RAPHAËL-GEORGES LÉVY
MEMBRE DE L'INSTITUT

VINGT-ET-UNIÈME MILLE
Édition revue et corrigée

LIBRAIRIE HACHETTE
79, BOULEVARD SAINT-GERMAIN, PARIS

AVANT-PROPOS

Finances. Voilà un mot qui résonne à chaque heure dans le monde moderne et une chose qui joue un grand rôle dans la vie de chacun de nous. Il est peu d'actes de notre existence qui ne se rattachent, par quelque côté, à la question financière. Elle surgit à chaque pas que nous faisons, s'impose lors de la conception et de l'exécution de nos entreprises; elle est encore là pour servir de pierre de touche à nos efforts et pour en mesurer le bon, l'indifférent ou le mauvais résultat au point de vue économique.

La finance est difficile à définir : elle est arrivée à prendre dans l'imagination populaire une extension démesurée. La notion s'en est confondue avec celle de la richesse elle-même. Elle a, dès lors, suscité tous les désirs et aussi toutes les injustes préventions que soulève la fortune. Mais tenons-nous-en au sens que notre langue lui a attribué peu à peu, à l'idée qu'elle évoque d'une gestion de deniers par les particuliers et par les États. Cette acception du mot s'écarte sensiblement de la signification qu'il avait à l'origine, alors qu'il désignait une somme d'argent qui se payait au roi, soit pour la levée d'une charge, soit pour quelque droit imposé. C'est ainsi qu'on achetait une charge sur le pied de la finance, qu'on prenait une charge de 100 000 livres de finance. C'est la même idée qui se rencontre dans ces vers :

> Que si ma dernière ordonnance
> Ne me produit quelque finance,
> Que ferai-je sans ton secours?

Le mot vient du vieux verbe finer, lequel équivalait à finir, terminer, conclure en général et, dans un sens restreint, mettre une affaire en ordre, terminer un différend moyennant argent. Celui-ci était donc la raison suprême, l'argument décisif, qui résolvait les questions pendantes. Plus tard le sens se précisa :

> Un pince-maille avait tant amassé
> Qu'il ne savait où loger sa finance,

nous dit La Fontaine, employant ici le mot comme synonyme de monnaie.

Aujourd'hui, il s'entend des matières qui touchent aux dépenses et aux revenus publics, et aussi de la gestion des fortunes privées. La science des finances est celle qui connaît de la gestion de ces divers intérêts. Le ministre des Finances est celui qui cherche à équilibrer les services des administrations publiques, en subvenant à leurs besoins au moyen des impôts qu'il prélève sur les contribuables. Le financier reçoit en dépôt les fonds de sa clientèle, les emploie de diverse manière, crée des entreprises : il manie les sommes qui lui sont confiées de façon à en tirer le maximum de rendement utile. On voit quelle variété d'activité se déploie en ces diverses circonstances, qui cependant se désignent toujours d'un seul et même vocable, la finance et les financiers. C'est, en résumé, l'expression monétaire de la richesse.

Jusqu'au seuil du XIXe siècle, le mot et l'idée même de la finance ne s'appliquaient qu'au maniement des signes métalliques ou fiduciaires. Dans les temps modernes, l'extraordinaire multiplication de valeurs mobilières, représentatives de créances sur les États et les sociétés ou de parts d'intérêt dans toutes sortes d'entreprises, a fait surgir une classe nouvelle d'hommes, qui, à des titres divers, s'occupent de la création et de la négociation de ces titres. C'est elle qui, au point de vue privé, constitue ce qu'on appelle la finance, tandis qu'au point de vue public le mot a conservé son sens antérieur et embrasse tout ce qui touche à la gestion des deniers de la communauté.

C'est sous ces deux faces que nous étudierons le problème : les points de contact entre les deux éléments sont d'ailleurs nombreux. Plus se développe la vie moderne, avec la multiplicité de ses rouages et la complexité de ses besoins, et plus s'affirme l'interdépendance, sous le rapport financier comme sous tous les autres, de l'action des particuliers et de celle de l'État. Les budgets grandissent, les Trésors ont des besoins de plus en plus considérables et demandent aux contribuables des impôts de plus en plus forts. Ils émettent à jet continu des emprunts que les citoyens souscrivent, devenant ainsi créanciers de l'État, en même temps qu'ils sont ses débiteurs du chef des taxes qu'ils acquittent et qui montent d'année en année. On peut dire, jusqu'à un certain point, que les particuliers ont intérêt à payer des impôts élevés, parce que ces rentrées dans la caisse du Trésor rehaussent le crédit national et lui permettent de placer, à des conditions plus avantageuses, les emprunts auxquels il a recours, lorsque ses besoins excèdent la capacité contributive du pays. Il ne faut pas, en effet, demander à ce dernier plus que la somme annuelle qu'il est en mesure de distraire de ses revenus, au profit de l'État, sans être gêné dans son esprit d'initiative ni dans ses besoins normaux d'épargne accumulée en vue d'emplois futurs. D'autre part, les titres de dette émanés du gouvernement constituent une partie de plus en plus forte de la fortune privée, qui se trouve dépendre, pour une fraction de plus en plus notable, de la situation budgétaire.

Les points de contact se multiplient entre les affaires des particuliers et celles de l'État. Les premiers préféreraient souvent chercher le placement de ce qu'on pourrait appeler la partie vivante de leurs disponibilités dans des entreprises industrielles, commerciales ou bancaires : ils constatent, en effet, chaque jour la supériorité de la gestion de celles-ci sur celle des fonctionnaires. Mais les faits n'en sont pas moins là qui semblent marcher dans une direction opposée, c'est-à-dire accroître constamment le domaine de l'action publique au détriment de celle des individus. Un cataclysme comme celui que le monde vient de traverser détermine une formidable poussée en ce sens. Pendant la terrible guerre déchaînée sur le globe depuis le 1er août 1914 jusqu'au 11 novembre 1918, il a fallu concentrer dans les mains du gouvernement une foule de services dont, en temps normal, il ne s'acquittait pas. Le problème du lendemain de la paix consiste à rendre à l'initiative des citoyens la liberté féconde qui leur permettra de remettre en mouvement des rouages qui ont été en partie faussés ou brisés. Tous ces événements se sont traduits d'une façon saisissante dans les finances des États belligérants et même, quoique à un degré moindre, dans celles des neutres. Le contre-coup en a été et en est profondément ressenti dans les budgets de chaque industrie.

Il est donc plus nécessaire que jamais, pour chaque électeur, pour chaque chef de famille, d'être initié à ces difficiles et redoutables problèmes des finances publiques, dont les finances privées dépendent étroitement. C'est ce que nous allons essayer de faire dans les chapitres qui suivent. Dans une première partie, nous mettrons en lumière la nature de l'instrument qui sert à toutes les transactions humaines, la monnaie. Nous montrerons les réactions qui se produisent entre celles des différents pays. Nous passerons ensuite au domaine de la finance proprement dite. La division que nous avons adoptée en finances privées et finances publiques découle de la nature même des choses. Il convient toutefois de remarquer que, dans bien des cas, il n'existe pas de ligne de démarcation absolue entre les unes et les autres, de nos jours surtout, où les dettes d'État ont pris un développement anormal et où l'interdépendance des contribuables payeurs d'impôts et des rentiers créanciers du Trésor éclate à tous les yeux. De même, en matière de banques, beaucoup de ces établissements sont amenés à employer une partie de leurs disponibilités en valeurs du Trésor public, sans parler des avances que les banques d'émission font à celui-ci. Notre quatrième partie sera plus spécialement consacrée aux marchés financiers et aux valeurs mobilières qui se traitent aux différentes bourses et dont le rôle grandit chaque jour dans la vie économique moderne.

Paris, mars 1927.

RAPHAËL-GEORGES LÉVY.

INITIATION FINANCIÈRE

PREMIÈRE PARTIE

L'INSTRUMENT DE LA FINANCE

CHAPITRE 1

LA MONNAIE

CHOIX DU MÉTAL MONÉTAIRE. || L'ÉTALON D'OR.
LE BILLET DE BANQUE. || LE PAPIER-MONNAIE.
SON ORIGINE. || SA DÉPRÉCIATION. || EFFETS DE LA GUERRE
SUR LA CIRCULATION FIDUCIAIRE.
EXPRESSION MONÉTAIRE DE LA VALEUR.

Q*UEL est l'instrument de la finance?* ✑ Tout le monde le connaît, et bien peu d'hommes cependant ont réfléchi à la nature véritable de la monnaie, qui, au moment actuel du développement de la civilisation, est à peu près universellement admise comme instrument des échanges. Le nombre croissant des objets dont se sert l'humanité a rendu peu à peu le troc impraticable et imposé la nécessité d'avoir une mesure commune de la valeur. Cette commune mesure a d'abord été constituée par l'un des objets les plus fréquemment employés ou échangés dans la communauté qui le choisissait : c'est ainsi que, chez les Grecs et les Latins, les vases de bronze, le bétail ont servi à exprimer la valeur des objets et à payer les services. Le mot latin *pecus*, troupeau, a engendré *pecunia*, qui veut dire argent et qui a été transporté et conservé dans la langue française. De nos jours, nous voyons les barres de sel servir de monnaie dans l'Afrique centrale ; et il n'y a pas longtemps que des pièces d'étoffe dites guinées remplissaient le même rôle dans une partie du continent noir. Sans nous attarder à l'énumération des divers objets qui ont ainsi été adoptés dans un certain nombre de communautés pour remplir la fonction monétaire, nous pouvons considérer qu'aujourd'hui elle est dévolue, dans l'univers civilisé, aux métaux précieux, l'or et l'argent, accompagnés du cuivre, du nickel, du zinc, du fer même, qui servent à fabriquer des pièces de faible valeur ou à composer des alliages destinés soit à rendre les disques d'or et d'argent plus résistants, soit à permettre aux gouvernements de frapper des monnaies à bas titre, dont la valeur conventionnelle est supérieure à la valeur marchande de la substance dont elles sont formées.

Une distinction fondamentale doit être faite entre les monnaies librement frappées et les monnaies divisionnaires ou d'appoint. Les premières sont formées d'un métal dont la valeur est indépendante de l'empreinte dont il est revêtu, et dont la transformation en monnaie est permise pour toute quantité et à tout citoyen. C'est ainsi qu'en régime normal chacun de nous pourrait apporter à l'Hôtel des Monnaies du quai Conti telle quantité d'or qu'il voudra : l'administration frapperait, au moyen du lingot qui lui aurait été remis, autant de fois 3 444 francs qu'il lui aurait été fourni de kilogrammes d'or et donnerait les pièces au présentateur du métal. Il en était de même avant 1873, pour l'argent, dont le kilogramme se transformait en 220 francs de disques libératoires.

Le choix du métal monétaire. ∽ Les qualités qui ont fait choisir le métal jaune et le métal blanc, entre tous les autres, par le commun consentement de la plupart des hommes, sont leur dureté, leur ductilité, leur rareté. Dans quelle mesure ont-ils pu être employés simultanément, et quel a été le rapport entre la valeur de l'un et de l'autre? C'est là un des points intéressants de l'histoire monétaire du monde. Au cours des vingt-cinq derniers siècles, on peut considérer que cette valeur relative a oscillé entre les limites extrêmes de 10 et de 45 poids d'argent pour un poids d'or. A mesure que la science monétaire faisait des progrès, les hommes reconnaissaient la grande difficulté qu'il y a à fixer, législativement, la valeur relative de l'or et de l'argent et tendaient à faire de l'or la seule monnaie libératoire, c'est-à-dire susceptible d'acquitter toutes les dettes de n'importe quel montant. Sous l'influence de cette tendance, la valeur de l'argent, depuis 1870 jusqu'en 1914, baissa rapidement par rapport à celle de l'or et descendit au niveau le plus bas qu'on ait connu dans les temps modernes. La guerre détermina un brusque revirement.

Immobilisation des monnaies d'or pendant la guerre. ∽ L'un des premiers effets de l'éclatement des hostilités fut d'immobiliser les monnaies d'or chez la plupart des nations belligérantes et même neutres. Les banques et les trésors publics cessèrent de les mettre en circulation, les enfermèrent dans leurs serres, ne s'en servant qu'exceptionnellement pour les besoins des échanges internationaux, lorsque tous les autres moyens de compensation ou de paiement avaient été épuisés.

Cette disparition des monnaies d'or provoqua une demande très vive de monnaies d'argent, que les gouvernements ont frappées, au cours des cinq dernières années, en quantités énormes. Malgré cela, ces monnaies n'abondent dans la circulation ni en Europe, ni en Asie, ni en Amérique : aux époques de crise comme celle que nous traversons, les hommes ont une tendance générale à thésauriser, c'est-à-dire à retenir par devers eux les instruments monétaires métalliques, qui leur paraissent un moyen efficace d'emmagasiner une partie de leur fortune et de là mettre à l'abri des dépréciations qui pourraient l'atteindre sous d'autres formes.

D'autre part, les gouvernements n'ont pas cru devoir appliquer aux monnaies d'argent le même régime qu'aux monnaies d'or. Ils se sont efforcés de concentrer ces dernières dans leurs caisses ou dans celles des banques d'émission, tandis que non seulement ils ne cherchaient pas à recueillir les monnaies d'argent, mais qu'ils en alimentaient la circulation par une frappe intense. On se souvient, en particulier, de la campagne qui fut organisée en France pour engager les citoyens à se dessaisir de l'or qui pouvait se trouver en leur possession et à l'apporter à la Banque de France, vers laquelle plus de 2 milliards refluèrent ainsi. Rien de semblable n'a été tenté pour l'argent.

Thésaurisation des monnaies d'argent. ⌒ Les monnaies d'argent ont été thésaurisées par les particuliers, tandis que ni les gouvernements ni les banques d'émission n'en ont accumulé de grandes quantités, même pas dans les pays comme notre empire d'Extrême-Orient, où le métal blanc sert d'étalon. A l'exception du Trésor indien, qui contient quelques centaines de millions de roupies, et de celui de Washington, qui a racheté les 100 millions de dollars qu'il avait cédés à des gouvernements étrangers, il n'y a nulle part de stocks importants de métal blanc. La Banque de l'Indo-Chine a vu disparaître la majeure partie des piastres qu'elle avait en caisse, de sorte que la situation monétaire du monde, au point de vue des espèces, peut se résumer comme suit : la majeure partie de l'or est dans les banques d'émission ou les Trésors publics ; les monnaies d'argent sont restées aux mains des particuliers. En conséquence, les réserves mondiales et visibles de l'or sont passées de 30 milliards de francs-or en 1913 à 50 milliards en 1925.

Universalité de l'étalon d'or avant la guerre de 1914. ⌒ L'étalon d'or existe en droit chez les grandes nations :

Etats-Unis d'Amérique, Angleterre et la plupart de ses colonies, Pays scandinaves, France, c'est-à-dire que le dollar, la livre sterling, la couronne, le franc sont légalement des poids déterminés de métal jaune. Mais la guerre a substitué à cet état de droit un état de fait bien différent, dans lequel l'unité monétaire a, chez plusieurs peuples, subi une véritable déformation par suite de la création de papier-monnaie.

Pour comprendre l'influence que ce phénomène peut avoir sur l'ensemble de la vie économique, rappelons les conditions du régime monétaire normal, tel que la majorité des communautés humaines le concevait au début du XXe siècle. L'unité de chaque pays était constituée par un poids déterminé de métal. C'est ainsi que la loi française de germinal an XI déclare que le franc est un poids de 5 grammes d'argent à neuf dixièmes de fin, ou un poids 15 fois et demie moindre, c'est-à-dire 322 milligrammes d'or, au même titre. En Grande-Bretagne, une once d'or au titre légal de 916 millièmes de fin vaut 77 shillings 9 pence, ce qui revient à dire que la livre sterling contient autant d'or fin que 25 francs 22 centimes de monnaie française. Si nous passions en revue les législations monétaires du monde, nous trouverions des dispositions analogues, l'unité monétaire de chaque contrée étant partout un poids de métal précieux.

Telle est la conception fondamentale qui est dans l'esprit des hommes et qui correspond pour eux à la notion de monnaie. Cependant, dans les échanges journaliers, qui sont le fond de la vie économique et qui embrassent l'infinie variété des achats, des ventes, des locations de services qui se succèdent sans interruption, les règlements ne se font que pour une faible partie au moyen d'espèces métalliques. Ils s'expriment néanmoins tous en monnaie, c'est-à-dire en un certain nombre de ces unités monétaires dont nous venons d'analyser la genèse : mais matériellement les paiements se font, dès que les sommes dépassent un certain niveau, en papier, ou plus simplement encore en transferts de créances sur les livres des banques.

Le billet de banque. ⌒ Quelle est la nature, la valeur, la consistance des billets, sur lesquels sont gravés des chiffres correspondant à l'unité monétaire ou à ses multiples? C'est là un des points les plus délicats de la science financière. Pour le bien élucider, nous devons nous efforcer de dégager à son point de départ l'idée de la représentation fiduciaire de la monnaie. Suivons-en les étapes successives.

Au début de ce que nous appellerons l'ère monétaire, nous trouvons une conception élémentaire. Tous les prix s'énoncent en monnaie et s'acquittent de même. Telle marchandise est vendue 50, 100, 1 000 francs : l'acheteur s'acquitte en versant 50, 100, 1 000 pièces d'un franc ou les multiples, s'il en a été frappé. Une première simplification est apparue le jour où les détenteurs de monnaie, au lieu de la conserver par devers eux, l'ont déposée entre les mains d'établissements de banque qui se chargeaient de garder l'argent. Dès lors, le titulaire d'un compte de ce genre a pu s'acquitter vis-à-vis de son créancier en lui transférant la propriété des espèces préalablement confiées par lui à la garde du banquier. Un progrès était réalisé par le fait que, au lieu de transporter effectivement les monnaies du domicile de l'acheteur à celui du vendeur, un virement effectué par les soins d'un commun dépositaire faisait passer la propriété de ces monnaies de l'une à l'autre des deux parties contractantes.

Une deuxième étape fut fournie le jour où le banquier émit, en représentation des espèces qui lui étaient déposées, un certificat qu'on appelle un billet, et qui était la reconnaissance du dépôt et la promesse de le rembourser à vue au déposant. Un nouveau pas en avant fut accompli lorsque le billet, au lieu d'être créé à l'ordre du déposant, fut émis au porteur, de façon que la propriété en était transmissible par simple tradition. C'était lui donner un caractère qui, dans une large mesure, l'assimilait à la monnaie, dont il était la représentation. Mais, aussi longtemps que la banque n'émettait pas plus de billets qu'elle n'avait de monnaie en caisse, le papier ne se distinguait pas, d'une façon essentielle, du métal, contre lequel il pouvait, à tout moment, être échangé : le porteur ne cessait pas d'avoir la faculté d'obtenir de l'or ou de l'argent en paiement de son papier.

Transferts et virements. ⟋ Lorsque le public eut pris l'habitude de se servir du billet à l'égal du numéraire, il fit de moins en moins de différence entre ces deux instruments des échanges. Il préférait, dans bien des cas, le premier, qui, sous un volume moindre, pouvait représenter des sommes considérables et se transportait avec infiniment plus de facilités et moins de risques. Parallèlement à ce mode de règlement, n'oublions pas celui qui résultait de transferts opérés par la banque dépositaire du compte de l'un de ses clients à celui de l'autre. Un simple virement effectuait ainsi le passage d'une somme déterminée de l'avoir du débiteur à celui du créancier. Mais ces transferts ne pouvaient naturellement s'opérer que jusqu'à concurrence des sommes déposées.

Billet de banque à découvert. ⟋ Allant plus loin, les banques conçurent un jour l'idée, hardie en apparence, d'émettre des billets au delà du montant de leur encaisse métallique, promettant ainsi de régler des montants plus considérables que ceux qu'elles avaient en leur possession.

Il y avait à cette opération deux excuses : la première, c'est que les banques ne créaient pas ces billets sans contrepartie, mais en représentation de créances qu'elles acquéraient en escomptant des lettres de change, des promesses de payer, qu'elles étaient certaines d'encaisser à plus ou moins brève échéance et qui, à ce moment-là, leur fourniraient les espèces correspondant aux billets émis. Le second motif que les banques avaient d'agir ainsi était qu'une longue expérience leur avait appris que jamais le public ne présente au remboursement la totalité des billets qu'il détient. Par conséquent, il leur suffit d'avoir en caisse une certaine proportion de numéraire, déterminée par l'usage, en regard de la circulation de papier.

C'est ainsi que le billet « à découvert » est peu à peu entré dans les mœurs financières modernes ; mais il faut bien remarquer qu'il n'a été accepté tout d'abord qu'à cause de son identité supposée avec la monnaie métallique. Son appellation même ne pouvait évoquer d'autre idée que celle de son équivalence avec le poids de métal précieux dont il portait le nom. Un billet de 100 francs n'était pas autre chose que la promesse de remettre au porteur 500 grammes d'argent, ou 34 grammes d'or à 9 dixièmes de fin. Sinon, à quelle conception de l'esprit eût répondu le morceau de papier sur lequel est inscrit un certain chiffre de l'unité monétaire du pays?

Monnaie de papier. ∽ C'est là une considération primordiale qu'il ne faut jamais perdre de vue lorsqu'on étudie la monnaie de papier. Elle ne tire sa valeur, à l'origine, que des pièces d'or ou d'argent dont elle porte le nom et contre lesquelles elle est échangeable. Mais il arrive que cette faculté d'échange soit suspendue et que simultanément la loi oblige les citoyens à recevoir les billets de banque en paiement de leurs créances. L'assimilation entre le billet de banque et les espèces métalliques résulte alors, non plus du fait que le billet est convertible en espèces, mais de l'intervention du législateur, qui, arbitrairement, leur confère un pouvoir d'acquisition égale à celui du métal. La monnaie de papier est ainsi transformée en papier-monnaie.

Aussitôt se posent les problèmes qui résultent de cette transformation et qui se résument dans la question de durée du régime du cours forcé (tel est le nom sous lequel il est désigné) et dans celle de la quantité des billets qui seront émis. Tout d'abord, il est essentiel de savoir combien de temps restera en vigueur le régime que nous venons de décrire, et en vertu duquel l'État prétend fabriquer, sous sa seule signature ou sous celle d'une banque d'émission privilégiée par lui, de la monnaie libératoire. Si la mesure a un caractère visiblement transitoire, si elle est motivée par une crise qui est de nature à disparaître rapidement, si un prompt retour à l'ordre normal est probable, la confiance du public dans la valeur du billet ne sera pas ébranlée, et ce papier circulera sans difficulté au pair des espèces métalliques. C'est ce qui s'est passé en 1870, lorsque le billet de la Banque de France ne perdit qu'une fraction insignifiante de sa valeur. Dès 1872, le gouvernement commençait à rembourser sa dette vis-à-vis de la Banque, ce qui revenait à promettre la suppression du cours forcé à brève échéance.

Les besoins de l'État font naître le papier-monnaie. ⟶ Remarquons, en effet, que c'est exclusivement aux besoins du Trésor public qu'est due l'augmentation de la circulation des billets dans une proportion telle que le remboursement en espèces devienne impossible. Il dépend de l'État de faire cesser cette situation en renonçant à l'aide qui lui est fournie au détriment du bon ordre monétaire. Mais, si cette perspective se recule indéfiniment, le public s'inquiète et se demande à quoi correspond le billet qu'il a entre les mains et dont l'avenir lui paraît de plus en plus incertain.

La quantité de papier-monnaie mise en circulation n'est pas moins importante à considérer que la longueur de la période pendant laquelle il est appelé à circuler. L'un de ces deux éléments est du reste fonction de l'autre : car, plus sera gros le volume de cette circulation, et plus les chances de la reprise des paiements en espèces seront reculées. Il est d'autant plus difficile de remplacer le papier par du métal que la quantité du premier est plus forte par rapport à la seconde. C'est ainsi que notre circulation en France a plus que sextuplé au cours de la guerre, passant de 6 milliards de francs en août 1914 à 39 milliards en novembre 1920 : il en est résulté une dépréciation du billet. Cette situation s'est encore aggravée au cours des années suivantes : en janvier 1927 la circulation de la Banque de France atteint 52 milliards, l'encaisse est d'un peu moins de 6 milliards de francs.

Dépréciation du papier-monnaie. ⌒ On nous demandera comment se mesure cette dépréciation. L'or ne circule plus en France ; la Banque n'en délivre pas ; il n'est pas permis de le négocier autrement qu'à sa valeur légale de 3 444 francs le kilogramme de fin, alors que, sur le marché libre, il vaut beaucoup plus. Dès lors, où y a-t-il une différence entre le métal et le papier? Elle se constate indirectement par la comparaison entre la monnaie française, représentée aujourd'hui par le seul billet de banque et les pièces divisionnaires ou de billon, et les monnaies étrangères des pays où l'étalon d'or existe, par exemple la livre sterling anglaise ou le dollar américain. Le prix des unes par rapport à l'autre se constate par les cours du change. Ceux-ci nous apprennent qu'en décembre 1925, pour obtenir une livre sterling anglaise, nous devions débourser 125 francs en billets français, alors que la teneur en or d'une livre n'est que de 25 fr. 22 centimes. Si notre billet avait conservé sa pleine force vis-à-vis du métal, la cote de la livre n'aurait pu s'élever sensiblement au-dessus de 25 fr. 22, ce qui correspond au pair intrinsèque des deux monnaies. Si elle a pu s'élever à 125, c'est-à-dire à 400 p. 100 de prime, c'est que la dépréciation de notre monnaie atteint cette proportion par rapport à la monnaie anglaise.

Effets de la guerre sur la circulation fiduciaire. ⌒ Si nous parcourions les divers pays du globe, nous verrions les effets de la guerre s'y faire sentir d'une façon saisissante

au point de vue de la constitution de leur régime monétaire. On peut diviser à cet égard les nations en trois
groupes : premièrement, les neutres, qui ont profité dans
une large mesure de l'afflux d'or déterminé par leurs ventes
aux belligérants ; en second lieu, les belligérants qui ont
réussi à maintenir leur circulation fiduciaire dans des
limites telles que leur monnaie n'a pas été dépréciée ;
enfin, les belligérants qui ont été amenés à créer du
papier-monnaie en excès, ce qui a eu pour conséquence
de faire baisser la valeur de leur monnaie.

La France est malheureusement dans cette troisième
catégorie. Et c'est pourquoi elle doit redoubler d'efforts
pour assainir sa circulation, c'est-à-dire la débarrasser du
papier qui est en excès sur ses véritables besoins. Avant
1914, 6 milliards de billets suffisaient à nos échanges. Nous
n'avons pas besoin d'une quantité huit ou neuf fois supérieure. La Grande-Bretagne a réussi à contenir sa circulation aux environs de 10 milliards, les États-Unis d'Amérique aux environs de 18 milliards de francs, le dollar et
la livre étant comptés au pair. Ces deux sommes sont très
inférieures au chiffre français, non pas seulement d'une
façon absolue, mais relativement à la population et à la
richesse de ces deux empires.

Quelle doit être la politique monétaire de la France? ☞
Nous devons donc reconnaître, ce qui n'a rien d'humi-
liant après le merveilleux effort militaire que nous avons
fourni pendant cinq ans, que nous avons été obligés de
laisser notre instrument monétaire s'affaiblir. Mais, si les
nécessités de la guerre ont justifié notre conduite jusqu'au
11 novembre 1918, date de l'armistice, il en est autrement
aujourd'hui ; il faudrait inaugurer au plus tôt une politique de contraction fiduciaire. Par suite des circonstances
que nous venons de rappeler, le franc de 1926 n'est plus
le franc de 1913 : le remède consiste non pas, comme le ré-
pète certaine école, à fabriquer plus de francs de papier
pour en compenser la baisse, mais à en diminuer le volum

pour que l'unité monétaire reprenne son niveau antérieur. Pénétrons-nous de cette vérité fondamentale que la monnaie est, avant tout, un signe de la valeur et qu'il n'y a aucun intérêt pour une nation à en grossir la quantité. La seule chose qui importe, c'est de multiplier les éléments réels de la richesse.

En attendant ce moment, que nous appelons de tous nos vœux et que les Chambres, nous voulons l'espérer, sauront hâter, chaque Français, lorsqu'il évalue sa fortune en francs, doit lui faire subir une réduction proportionnelle à la perte que le franc subit par rapport aux monnaies étrangères d'or. Avant la guerre, cette perte n'existait pas ; souvent même, notre monnaie était cotée à prime par rapport aux autres. Aujourd'hui la perte qu'elle subit explique en partie la hausse des prix à laquelle nous assistons et qui a déplacé, d'une façon si brutale, l'échelle des valeurs à laquelle nous étions habitués.

Expression monétaire de la valeur. ⌐ On voit combien il est important d'avoir des idées claires au sujet de ce que nous appellerons l'expression monétaire des choses. Il faut se garder de lui attribuer une valeur absolue : elle n'en a qu'une relative par rapport à l'ensemble des richesses. Voici, par exemple, le propriétaire d'une maison qui valait 100 000 francs en 1913 et dont le coût réel de construction serait de 600 000 francs en 1926. Sa fortune a-t-elle sextuplé ? On pourrait répondre oui, si les immeubles avaient seuls bénéficié de la hausse. Mais, si le propriétaire est obligé de payer tout ce qu'il achète pour les besoins de son existence six fois plus cher qu'en 1913, il se trouvera, avec son capital de 600 000 francs, exactement dans la même situation qu'il y a treize ans avec un capital six fois moindre, et encore à la condition que ses locataires lui paient des loyers six fois plus élevés. En fait, les diverses lois qui ont limité la majoration des loyers ne lui permettent pas de toucher des revenus équivalents à ceux d'avant-guerre et le propriétaire d'immeubles s'est appauvri dans la plupart des cas.

En un mot, il ne faut pas se contenter, pour juger la valeur des choses et l'importance des fortunes, d'en considérer l'expression monétaire. Il faut analyser la monnaie qui est à la base et en déterminer la puissance avant de passer à l'étude des éléments constitutifs de la richesse. Cette analyse se fera d'autant mieux que les problèmes relatifs à la nature de la monnaie auront été mieux étudiés, et elle s'éclairera singulièrement par une étude comparée des monnaies dans les différents pays, de la façon dont elles réagissent les unes sur les autres, du change qui les met en présence et les transmute.

CHAPITRE II

RAPPORTS INTERNATIONAUX DES MONNAIES. LE CHANGE. LA QUESTION DE L'OR ET DE L'ARGENT.

LE CHANGE INTERNATIONAL. ‖ INFLUENCE DES ÉCHANGES
SUR LE MOUVEMENT MONÉTAIRE.
RÈGLEMENTS INTERNATIONAUX. ‖ CHANGES DÉPRÉCIÉS.
LA QUESTION DU CHANGE EN FRANCE.
‖ PRODUCTION DES MÉTAUX PRÉCIEUX.

LE CHANGE international. ↶ La question du change international est une de celles qui ont pris une place prépondérante dans les préoccupations financières contemporaines. Alors que jadis elle n'était guère connue que des banquiers spécialistes en la matière, elle s'impose aujourd'hui avec une telle force que chaque citoyen en éprouve, sciemment ou inconsciemment, les effets. Nul ne saurait avoir une compréhension complète de la finance s'il n'a pas étudié le change, c'est-à-dire la transformation de la monnaie d'un pays en celle d'un autre pays.

L'importance croissante du problème résulte du développement des relations internationales. Le rapprochement de deux chiffres suffira à le mesurer : en 1870, le commerce extérieur des principales nations du globe n'atteignait pas 40 milliards de francs. En 1913, il avait quadruplé et dépassait 160 milliards. En 1925, le commerce extérieur de la France seule a atteint 89 milliards, en francs-papier il est vrai, dont 44 à l'importation et 45 à l'exportation. L'ensemble des transactions internationales dépasse 220 milliards de francs-or. Encore les chiffres ne nous donnent-ils que le total des marchandises qui se pèsent et se mesurent et qu'enregistrent les autorités douanières. Ils devraient être majorés de ceux des transactions en valeurs mobilières, qui atteignent des sommes très élevées, et de toutes les opérations des voyageurs qui effectuent des achats ou des ventes en pays étrangers. En principe, ces échanges se règlent dans la monnaie des créanciers. Ce n'est qu'exceptionnellement que le règlement se fait dans la monnaie du débiteur, et il est bien rare que le créancier ainsi payé ne transforme pas lui-même aussitôt en monnaie de son propre pays l'argent étranger qu'il a reçu.

Influence des échanges sur le mouvement monétaire. ⌒ De ce qui précède, il résulte que la monnaie d'un pays a une tendance à en sortir lorsqu'il importe plus de marchandises qu'il n'en exporte, inversement qu'elle y afflue lorsque ses exportations dépassent ses importations. Si toutes les monnaies des diverses nations étaient intrinsèquement identiques, si par exemple elles étaient toutes composées de métal or, les règlements internationaux seraient d'une grande simplicité : le pays débiteur enverrait autant de ses pièces de métal qu'il en faudrait pour constituer le nombre d'unités monétaires dues à la nation créditrice. Quand nous parlons de nation créditrice ou débitrice, nous considérons la situation qui résulte de l'addition de toutes les créances et de toutes les dettes de ses nationaux et éventuellement du Trésor public vis-à-vis des habitants d'un autre pays. Il est naturellement impossible de connaître exactement, à un moment donné, cette position ; on peut en dégager un élément, pour une période déterminée, en examinant les tableaux des douanes ; mais, pour les raisons que nous venons d'indiquer, ce calcul même serait loin d'être exact : car les échanges invisibles, les achats et ventes de valeurs mobilières, les transferts de capitaux sous forme de billets de banque, de virements en compte, augmentent, diminuent ou compensent le solde qui apparaît d'après les statistiques de l'importation et de l'exportation.

Si, au cours d'une année, la France avait vendu à la Grande-Bretagne pour un milliard de francs de marchandises de plus qu'elle n'en aurait acheté, les Anglais auraient à nous remettre 1 milliard de francs. Comme chaque pièce d'une livre sterling, en métal monétaire contient autant d'or pur que 25 fr. 22 de monnaie française, il faudrait envoyer à Paris 39 651 000 pièces d'une livre sterling, lesquelles, mises au creuset, fourniraient 50 millions de pièces de 20 francs, c'est-à-dire 1 milliard d'or.

Ce milliard servirait à payer tous les Français créditeurs d'Anglais, et la balance serait établie, jusqu'à ce que de nouveaux échanges vinssent rompre l'équilibre dans un sens ou dans l'autre. Bien que des courants réguliers de certaines marchandises, ou même de certains services existent entre pays déterminés, nous sommes ici dans un domaine où il surgit tant d'imprévu qu'il est impossible de prédire le sens dans lequel penchera le plateau de la balance, au bout d'une certaine période. Lorsque, au cours de la guerre, les gouvernements intervinrent dans beaucoup de cas comme acheteurs et transporteurs d'un grand nombre de marchandises, il fut plus facile de connaître la situation réciproque. C'est ce qui s'est passé chez plusieurs belligérants, qui, soit entre eux, soit avec les neutres, ont passé des conventions destinées à régler des fournitures faites d'État à État. Comme, d'autre part, les importations étaient sévèrement réglementées, on a pu totaliser, beaucoup plus aisément qu'en temps ordinaire, les mouvements des échanges, d'autant mieux que les mouvements de titres eux-mêmes, sur lesquels aucun contrôle ne s'exerce aux époques de paix, étaient subordonnés à l'agrément des gouvernements.

Règlements entre nations ayant la même monnaie. ◠ Revenons à l'examen des rapports entre nations dont les monnaies sont identiques. Si celles-ci existent en quantité suffisante et circulent librement, si aucune loi ne s'oppose à leur sortie du territoire indigène, il n'y aura aucun trouble dans le règlement des échanges. Supposons, en poursuivant l'exemple pris par nous tout à l'heure, que la Grande-Bretagne continue à s'endetter annuellement d'un milliard vis-à-vis de la France. Admettons que le stock monétaire anglais soit de 6 milliards. Il en résulterait qu'au bout de six ans tout le numéraire anglais aurait passé la Manche, à moins que d'autres mouvements en sens inverse n'aient déterminé vers les Iles Britanniques un afflux d'or venu d'autres contrées.

Fondement des échanges. ◠ Nous avons choisi une hypothèse simpliste pour faire toucher du doigt au lecteur le mécanisme élémentaire des opérations de change, qui sont cependant susceptibles d'entraîner d'extraordinaires complications et qui ont sur la vie économique des nations modernes des répercussions d'une portée incalculable. Pour bien les comprendre, il faut avoir deux vérités présentes à l'esprit : la première, c'est que les produits s'échangent contre des produits ; la seconde, que la monnaie ne peut servir que temporairement à payer un excédent d'importation. Un pays, à la longue, ne peut pas persister à importer plus qu'il n'exporte, parce qu'en faisant cela il dévore en quelque sorte sa propre substance. L'équilibre ne peut résulter que de l'égalité, au cours d'une période plus ou moins étendue, entre les paiements et les encaissements. Toutefois un pays qui, dans des années de prospérité, a accumulé des réserves métalliques pourra, pendant un certain nombre d'années, acquitter un excédent d'importations au moyen de ce trésor. Mais, quand il sera épuisé, il ne pourra plus offrir à ses clients du dehors que ses propres produits pour payer leurs envois, et il ne pourra accepter ceux-ci que dans la mesure où il aura une contre-partie, c'est-à-dire des marchandises à leur expédier.

Avant d'en arriver là, le pays importateur aura recours à d'autres moyens qui ne sont que dilatoires, mais qui retardent l'arrivée de l'échéance que nous venons de définir. Il obtiendra, par exemple, que le pays dont il veut acheter les produits lui ouvre un crédit, c'est-à-dire le dispense temporairement de payer ses dettes, de remettre de la monnaie. Il est clair que ce retard apporté à l'exécution des engagements éloigne la difficulté, mais ne la résout pas. Il viendra toujours un moment où il faudra que l'équilibre s'établisse soit par la réduction des importations soit par l'augmentation des exportations.

Rôle de la monnaie dans les échanges. ∽ Le rôle véritable de la monnaie dans les transactions internationales est de servir d'appoint et de permettre le règlement immédiat d'échanges qui, en fin de compte, devront aboutir au résultat que nous avons expliqué. L'histoire nous offre de nombreux exemples de ces migrations de numéraire destinées à régler des soldes débiteurs. C'est ainsi que, dans les dernières années du XIXe siècle, l'Espagne ayant importé de France beaucoup plus d'objets qu'elle ne nous en avait vendu, nous expédia des monnaies d'or en quantité considérable. Ceux qui s'occupaient alors d'affaires de change se souviennent d'avoir vu arriver chez nous des millions de vieilles pièces castillanes remontant à des époques lointaines et qui venaient se faire fondre à la Monnaie de Paris pour y être transformées en pièces de 20 francs. Pendant la dernière guerre, un mouvement en sens inverse s'est produit. La Péninsule Ibérique a fourni beaucoup de marchandises aux belligérants. L'or français, l'or anglais, l'or américain ont afflué à Madrid et y ont reconstitué les trésors métalliques, dont les Christophe Colomb, les Fernand Cortez, les Pizarre avaient enrichi le royaume au xvi⁰ siècle.

Aussi longtemps que l'or se trouve sans difficulté dans la circulation intérieure, qu'il ne rencontre pas de barrière à la sortie, il n'y a pas de raison pour qu'une différence de valeur s'établisse entre les monnaies des pays mis en présence. Mais supposons que le stock métallique de l'un d'eux soit épuisé, ou, ce qui revient pratiquement au même, que le Gouvernement interdise la sortie des espèces, que va-t-il se passer? Le Français débiteur d'un Anglais ne peut plus lui envoyer d'or. Il cherche à découvrir un compatriote qui soit créancier de l'Angleterre ; il offre à ce compatriote de lui acheter sa créance. Mais ce n'est plus au moyen d'or qu'il va le payer : un étalon différent s'est substitué au métal. Nous nous trouvons en face d'une situation nouvelle qu'il convient d'analyser.

Évolution du billet de banque. ∽ Chez la plupart des nations modernes, à côté des espèces métalliques, circule une monnaie de papier, billet de banque ou billet d'État. A l'origine, ainsi que nous l'avons expliqué au chapitre Iᵉʳ, ce billet n'a pas été autre chose qu'une représentation d'espèces immobilisées, un certificat de dépôt. Il est ensuite devenu une promesse de payer des espèces, ce que les Anglais appellent si justement *promissory note*, échangeable à vue contre du métal. Enfin, les gouvernements ont donné à ces billets le cours forcé, c'est-à-dire qu'ils leur ont conféré la vertu libératoire, caractère essentiel de la monnaie.

Mais cette vertu libératoire, don de la loi, n'existe pas au delà des frontières. Le législateur français peut bien imposer aux citoyens français l'obligation de recevoir un billet de la Banque de France en paiement de leurs créances. L'Anglais, créancier d'un Français, le refusera et exigera une pièce d'or ou un billet de la Banque d'Angleterre. Dès lors se pose la question de savoir quelle sera la valeur du billet français en fonction de la monnaie anglaise, ou en fonction du métal or, la livre sterling anglaise étant considérée comme équivalente à un poids d'or correspondant à 25 fr. 22 de monnaie française.

Rupture d'équilibre des changes. ⌒ C'est ici le point délicat, celui qu'il faut bien saisir pour comprendre la question du change. C'est à la minute où le débiteur français ne trouve plus dans son pays l'or dont il a besoin pour couvrir son créancier anglais que le prix de la monnaie anglaise en France peut s'élever au-dessus de 25 francs 22 centimes. Aussi longtemps que le Français trouve de l'or, il se procure par cela même de la livre sterling : il lui suffit d'envoyer 25 francs 22 à Londres pour y être fondus et transformés en monnaie anglaise. S'il ne peut plus obtenir de métal, il ignore la somme qu'il devra payer pour acquérir les livres sterling dont il a besoin et qu'il achètera sous forme de billets de banque britanniques, ou de créances, telles que lettres de change, chèques et autres instruments de paiement ou de crédit. C'est ainsi que nous avons vu, au cours de la guerre, le prix de la livre sterling dépasser sur le marché de Paris le cours de 25 francs, atteindre, en 1919, celui de 38 francs, et en 1926 celui de 240 francs, c'est-à-dire que la monnaie anglaise a fait une prime d'environ 800 p. 100 par rapport à la nôtre. La majeure partie de notre circulation est constituée à l'heure actuelle par 52 milliards de billets de la Banque de France, qui ne sont pas remboursables en espèces. Ce chiffre explique la dépréciation de notre signe monétaire par rapport à celui des pays où l'étalon d'or subsiste, c'est-à-dire où l'unité indigène est effectivement représentée par du métal.

Et encore la comparaison avec la livre sterling n'est-elle pas suffisante pour nous permettre de calculer le rapport entre le franc et le métal or. La livre sterling elle-même subit une petite perte par rapport au dollar américain, lequel peut en ce moment être considéré comme ayant sa pleine valeur métallique. Lorsque les monnaies anglaise et américaine sont au pair, cette égalité s'exprime par le prix de 4 dollars 87 cents payés pour une livre. Or celle-ci ne vaut guère en ce moment que 4 dollars 85 cents, c'est-à-dire qu'elle subit une perte d'environ 1/2 p. 100.

Mouvements des changes. ⌀ C'est ainsi qu'apparaissent les termes du problème du change : il naît des échanges entre deux nations ou plus exactement du fait qu'il y a, de la part de l'une d'elles, un solde à payer à l'autre. Car il n'y a pas de change, c'est-à-dire de nécessité de transformer une monnaie en une autre s'il n'y a pas d'échanges entre deux nations, ou si la somme des importations de chacune d'elles égale celle des exportations. Que, au cours d'une année, la France vende pour 2 milliards de marchandises à l'Angleterre et que l'Angleterre en vende pour 2 milliards à la France il n'y aura pas matière à un transport d'or de Londres à Paris ni de Paris à Londres, à condition toutefois que les époques de règlement dans les deux sens coïncident.

Au cours des douze mois, il pourra se faire que, passagèrement, l'un des pays soit plus endetté vis-à-vis de l'autre que celui-ci ne le sera à son égard : mais il existe des moyens, pour les commerçants et les banquiers, d'anticiper ou de retarder des paiements de façon à éviter les allées et venues de fonds.

Lorsqu'un des pays s'endette vis-à-vis de l'autre d'une façon permanente, le problème des remises à faire par le premier au second se pose, et par suite celui de la monnaie des deux contractants. Si cette monnaie est identique, aucune difficulté ne surgira aussi longtemps que le pays débiteur aura un approvisionnement suffisant de métal. Quand celui-ci est épuisé, la question de la valeur du papier-monnaie se pose brutalement. Le change est le grand justicier, contre les arrêts duquel personne ne peut s'insurger. C'est à la pierre de touche de la comparaison avec les monnaies étrangères métalliques que se mesure la valeur du billet. Plus la quantité de celui-ci augmente et plus son pouvoir d'achat diminue, parce que la date à laquelle on peut espérer la reprise des paiements en espèces recule progressivement et que le public voit s'éloigner de plus en plus l'époque de ce retour à la vie normale. C'est pour cela que les prix de la livre sterling, du dollar, du florin hollandais, de la peseta espagnole, de la couronne scandinave, se sont élevés à Paris. L'erreur d'une politique qui a cru pouvoir demander des ressources à une émission exagérée de papier éclate à tous les yeux.

Changes dépréciés. ⤳ Chacun souffre de cette situation qui apparaît dans la cote des changes et qui se manifesterait en même temps par une prime de l'or si le commerce en était libre. Les deux indices sont également significatifs. Le change monte parce que nous importons trop, ou plutôt parce que nous n'exportons pas assez, et il monte aussi parce que nous avons créé trop de billets. Les remèdes sont indiqués par la nature du mal : développer notre production de façon à pouvoir expédier des marchandises au dehors et diminuer une circulation excessive. L'abondance des signes monétaires contribue à la hausse des changes, comme à celle de toute autre chose : la cherté de la vie s'étend aux monnaies étrangères! Ici comme ailleurs, nous ressentons les funestes effets de l'avilissement de notre instrument des échanges.

Voici qu'elle était, le 20 septembre 1919 et le 31 décembre 1925, la valeur des principales monnaies étrangères exprimée en francs. Afin de permettre au lecteur de mesurer l'étendue du mal provoqué par la guerre, nous avons inscrit, dans une première colonne, les cours du 1er juillet 1914 :

Unités monétaires.	Valeurs en francs et centimes.		
	1er juillet 1914.	20 sept. 1919.	31 déc. 1925
Livre sterling......................	25 20	39 »	130 »
Dollar américain...................	5 »	9 »	26 75
Franc suisse........................	1 »	1 60	5 17
Florin hollandais...................	2 08	3 25	10 75
Couronne suédoise..................	1 38	2 »	7 20
Peseta espagnole...................	0 96	1 60	3 78

D'autres monnaies sont au contraire dépréciées par rapport à la nôtre. Le tableau suivant met en regard le cours de ces monnaies en 1914, 1920 et 1925.

Unités monétaires.	Valeurs en francs et centimes.		
	Juillet 1914.	Avril 1920.	Décembre 1925.
Drachme grecque................	1 »	1 75	0 34
Couronne hongroise	1 03	0 05	0 00037
Leï roumain	0 95	0 22	0 12
Rouble russe	2 66	0 10	0 005
Livre turque	22 »	10 »	14 »

La question du change en France. ⌒ Une perturbation profonde a bouleversé le marché des changes. La parité entre les monnaies des principales nations n'existe pour ainsi dire plus. A l'heure où nous écrivons, la livre sterling anglaise fait une prime de plus de 400 p. 100 par rapport à notre franc ; elle subit elle-même une dépréciation légère de 0,005 par rapport au dollar américain. Celui-ci fait une prime de 550 p. 100 par rapport au franc, qui perd 75 p. 100 de sa valeur par rapport à la peseta espagnole, et 82 p. 100 par rapport à la couronne suédoise. En Allemagne, le mark-papier, tombé à une valeur infinitésimale, a été remplacé en 1923 par un mark-or, sur la base de 1 mark-or pour mille milliards de mark-papier. En Hongrie, le million de couronnes ne vaut plus que 378 francs. Quant au rouble, il s'est rapproché de zéro, à mesure que les presses bolchevistes ont jeté de nouveaux milliards de billets dans la circulation, mais il a été remplacé par une monnaie d'or, le tchernovetz, qui n'est pas cotée sur le marché de Paris.

Cette question des changes est une de celles qui préoccupent le plus l'opinion publique, et à juste titre. Elle a donné naissance à toute une littérature. Elle a provoqué des débats retentissants à la tribune du Parlement. Bien des remèdes plus ou moins enfantins ont été suggérés. En réalité, la détérioration passagère de notre monnaie tient à des causes profondes, que nous devons avoir le courage de regarder en face. Il faut bien comprendre que la valeur relative d'une monnaie par rapport à celle d'autres pays est en premier lieu fonction de la puissance économique respective des nations mises en présence. Cette puissance économique se traduit par la force de production de chacune d'elles. Pourquoi, avant 1914, tous les changes sans exception nous étaient-ils favorables? Pourquoi le franc pouvait-il acquérir au pair, ou même à un prix inférieur au pair, la livre sterling, le dollar, la peseta, la lira, le florin, le marc, la couronne? C'est que notre production agricole et industrielle nous permettait non seulement de satisfaire la plus grande partie de nos besoins, mais d'exporter des denrées alimentaires ou des objets fabriqués pour un chiffre tel que nous pouvions aisément, avec les milliards produits par ces ventes, acquérir au dehors ce que nous désirions pour notre consommation. Ce qui nous manquait était couvert par le revenu des titres étrangers que nous possédions.

Au lendemain de l'armistice, la situation était tout autre. Au cours de la guerre, nous avions vendu beaucoup de nos titres étrangers ; d'autre part, les titres russes que nous possédions sont momentanément frappés de stérilité. Nous avons été obligés d'importer en quantités immenses des objets d'alimentation, des matières premières, si bien qu'en 1919 nos importations ont dépassé nos exportations d'environ 25 milliards de francs. En 1920 l'excédent des importations a encore été de 23 milliards, mais il est tombé à 2 milliards et demi environ pendant chacune des trois années suivantes. En 1924 la balance commerciale nous est favorable, avec 1 500 millions d'excédent des exportations, et cette situation s'est maintenue en 1925, ce qui devrait être une cause d'amélioration du franc. Mais cet excédent ne s'applique en réalité qu'à nos échanges avec nos colonies et protectorats, et une autre cause agit en sens contraire. Notre circulation fiduciaire n'avait cessé de grossir, jusqu'à l'avènement du ministère Poincaré en juillet 1926. Le jour où l'on a vu le chiffre des billets de la Banque diminuer, sans retour en arrière, l'amélioration de nos changes s'est affirmée.

Les lois successives par lesquelles le Parlement a élevé à 58 milliards et demi de francs le maximum de la circulation de la Banque de France, nous ont maintenus dans la voie dangereuse de l'inflation qui contrarie les heureux effets des autres facteurs de notre relèvement économique.

On en revient donc toujours à l'affirmation, tant de fois renouvelée qu'elle paraît presque banale, mais qui n'en énonce pas moins la vérité fondamentale, celle qu'il convient d'avoir constamment présente à l'esprit pour ne pas se laisser égarer par d'autres considérations : il faut, par tous les moyens possibles, intensifier la production de notre sol et de nos usines. Le pays s'est mis à cette tâche, si rude après les désastres subis ; le volume de nos exportations — mesure plus certaine que des valeurs variables — dépasse celui de 1913 ; il est passé de 1 300 000 à 3 millions de tonnes de 1920 à 1925.

Nous avons aussi des dettes de guerre contractées en Angleterre et aux États-Unis, sans parler de quelques emprunts de moindre importance consentis par certains neutres. Tout cela pèse sur la situation et nous obligera à d'énergiques efforts pour liquider un passé riche de gloire, mais qui nous a imposé de lourds sacrifices. Lorsque cet apurement aura été terminé, nous reviendrons à l'état normal, c'est-à-dire que le franc reprendra sa valeur par rapport à toutes les monnaies étrangères.

Question des métaux précieux. — La question des métaux précieux est intimement liée à celle du change. Jusqu'en 1870, un grand nombre de pays, la France en première ligne, vécurent sous un régime bimétalliste, c'est-à-dire que l'or et l'argent y étaient librement frappés et que les monnaies des deux sortes avaient également force libératoire. Après la guerre de 1870, d'importantes nations démonétisèrent l'argent et déterminèrent par là la baisse du métal blanc qui se poursuivit jusqu'à la fin du XIXe siècle. L'or est alors devenu l'étalon effectif ou théorique dans la plus grande partie du globe, c'est-à-dire que, légalement, l'unité monétaire, dans la plupart des pays, est constituée par un poids d'or déterminé. En 1914, l'argent ne jouait plus chez les grandes nations civilisées qu'un rôle secondaire ; il servait à frapper des pièces divisionnaires n'ayant force libératoire que jusqu'à concurrence d'un faible montant. Il était cependant l'étalon de vastes régions asiatiques, qui se servaient du métal blanc sous forme de monnaie et sous celle de lingots. Mais cet emploi de l'argent était limité à des quantités relativement faibles, en sorte que le cours du métal se maintenait à un niveau bien éloigné de celui que lui assignaient les anciennes législations bimétallistes, en vertu desquelles 15 grammes et demi d'argent équivalaient à 1 gramme d'or. La baisse avait été telle qu'à un moment donné il fallut donner 45 grammes d'argent pour obtenir 1 gramme d'or.

Effets de la guerre : hausse de l'argent. — La guerre a changé cette situation de la façon la plus inattendue. Elle a tout d'abord multiplié les besoins de monnaies divisionnaires d'argent pour deux raisons : la première, c'est que, les monnaies d'or étant brusquement retirées de la circulation, celle-ci demandait d'autant plus de pièces d'argent pour suppléer à ce vide causé par la disparition des pièces jaunes. La seconde, c'est que les armées ont grand besoin de pièces divisionnaires pour la solde des troupes. Dans ces conditions, les gouvernements belligérants ont frappé des quantités considérables de ces monnaies, dont la masse, chez certaines nations, représente aujourd'hui le double de ce qu'elle était avant la guerre. Beaucoup de gens la thésaurisent, ce qui raréfie les monnaies d'argent sur le marché et pousse encore davantage les gouvernements à procéder à des frappes qui deviennent de plus en plus onéreuses, à mesure que s'élève le prix du métal. Après une hausse à peu près ininterrompue depuis 1914, le métal argent est arrivé un moment à un cours qui représentait un rapport d'environ 10 grammes d'argent pour 1 gramme d'or, proportion qui ne s'était plus réalisée depuis des siècles. Le cours anglais a atteint 89 pence par once, ce qui, avec la livre sterling à 60, correspondait à un prix d'environ 600 francs le kilogramme. L'écu de 5 francs valait, à ce moment, 15 francs. La France aurait eu intérêt à fondre toutes ses pièces de 5 francs et même ses monnaies divisionnaires, frappées cependant au titre réduit de 835 millièmes, et à les vendre à Londres sous forme de lingots. Elle eût réalisé ainsi un bénéfice considérable.

On voit quelle perturbation apporte dans le régime monétaire du monde cette hausse de l'argent, qui a repris et dépassé un instant la situation qu'il avait perdue il y a un demi-siècle. Aujourd'hui (1927) l'once d'argent est cotée à Londres aux environs de 25 pence, c'est-à-dire moins de la moitié du prix qui correspond au rapport de 1 poids d'or pour 15 et demi de métal blanc (loi française de germinal an XI).

Intensification de la frappe de monnaies divisionnaires.
Au point de vue français, le résultat de cette hausse du métal blanc a été fâcheux, à cause de l'obstination qu'a mise le Gouvernement à continuer à frapper des

monnaies divisionnaires dont la fabrication devenait de plus en plus dispendieuse. Nous en étions arrivés à cette situation paradoxale que chaque franc qui sortait de l'Hôtel des Monnaies du quai Conti coûtait 3 francs. On avait vu jadis Philippe le Bel diminuer la teneur en argent de ses monnaies et essayer de maintenir leur valeur légale au taux antérieur en dépit de cette altération de la substance. Mais jamais encore une nation n'avait assisté à ce gaspillage monétaire qui consiste à acheter un métal au triple de sa force libératoire et à jeter dans la circulation des pièces auxquelles il n'assignait qu'une valeur du tiers du prix qu'elles lui coûtaient. Aussi quel a été le résultat? La thésaurisation et l'exportation.

Thésaurisation du métal blanc. ⌘ Les Français ont fait pour le métal blanc ce qu'ils avaient fait au début de la guerre pour le métal or ; ils l'ont mis en réserve, sans se rendre compte du tort qu'ils causaient ainsi à l'intérêt général, en retirant de la circulation des pièces destinées à l'alimenter. Une campagne patriotique, entamée dès 1915, a fait rentrer dans les caves de la Banque de France plus de 2 milliards d'or. Il en sera de même pour les pièces d'argent, le jour où on aura fait comprendre leur devoir à nos compatriotes. Mais il ne sera pas possible de rapatrier les monnaies qui ont, en dépit de la loi, passé la frontière. Une enquête faite au mois de mars 1920 nous a appris que plus de la moitié de la circulation métallique de la Suisse se composait de pièces françaises. Comme, en vertu de l'Union latine, elles ont cours légal et que le change helvétique fait une prime considérable, la contrebande s'est exercée sur une large échelle et a vidé en partie notre réservoir d'argent au profit de celui de nos voisins.

Théorie de la monnaie divisionnaire. ⌘ On voit quelles conséquences fâcheuses entraîne la méconnaissance des lois économiques. La monnaie divisionnaire, non seulement ne doit pas avoir une valeur intrinsèque supérieure à la monnaie à pleine force libératoire, c'est-à-dire la monnaie d'or, mais elle n'a pas besoin d'avoir une valeur égale. Elle est ce que les Anglais appellent très justement *token money*, c'est-à-dire une monnaie-signe, une monnaie fiduciaire tout au moins pour partie. C'est une faute grave que de faire supporter à la communauté, c'est-à-dire au contribuable, le fardeau d'une frappe onéreuse, qui n'aboutit même pas au résultat désiré, c'est-à-dire à alimenter la circulation. Tout au contraire. La France a eu beau, au cours des cinq années de guerre 1914-1919, frapper plus de 500 millions de monnaies divisionnaires et porter ainsi à près d'un milliard, c'est-à-dire au maximum de ce que lui permettent les derniers arrangements de l'Union latine, sa fabrication et doubler son stock d'avant-guerre, jamais notre circulation n'a été aussi dépourvue de métal. Loin de retirer les petites coupures de billets émises par les chambres de commerce, nous avons dû autoriser l'émission de quantités nouvelles de ce papier indispensable aux transactions quotidiennes, puis les remplacer par des jetons de bronze d'aluminium; mais nous ne pourrons revenir à l'ordre de choses antérieur que lorsque notre circulation de billets sera en décroissance. Jusque-là il nous faut prendre toutes les mesures gouvernementales et faire tous les efforts individuels nécessaires à la restauration de notre prospérité économique, dont la première conséquence sera celle du bon ordre monétaire.

Cet ordre se rétablira sur la base, à peu près universellement acceptée en 1914, du métal or. Il faut, en effet, qu'il existe une commune mesure entre les différents peuples et, puisqu'ils avaient accepté celle-là, il n'y a aucune raison de n'y pas rester attachés. La vieille querelle du bimétallisme et du monométallisme, qui a si fort agité le monde dans le dernier quart du XIXe siècle, semble définitivement tranchée. Les partisans les plus ardents du métal blanc ont renoncé à lui maintenir sa force libératoire, dans une proportion déterminée par la loi, par rapport au métal or.

Production des métaux précieux. ◠ Les craintes de ceux qui redoutaient une insuffisance de production du métal jaune sont également écartées. Après s'être élevée à 2 500 millions de francs au début du XXᵉ siècle, l'extraction annuelle se tient encore aux environs de deux milliards de francs or, somme suffisante pour fortifier régulièrement les encaisses des instituts d'émission chargés de créer les billets de banque. Le recul qui s'est manifesté au cours de la guerre ne s'accentuera sans doute pas davantage. La liberté du commerce de l'or décrétée dans l'empire britannique contribuera à développer l'activité des mines.

La production de l'argent avait diminué pendant la guerre, à cause de la révolution mexicaine et aussi de la cessation ou du ralentissement de l'exploitation d'un certain nombre de mines d'autres métaux, avec lesquels l'argent se trouve mélangé. Les dernières statistiques indiquent une reprise : depuis 1923 la production annuelle atteint près de 7 millions de kilogrammes, valant, au tarif monétaire français , environ 1 500 millions de francs, ce qui semble suffisant pour satisfaire aux demandes des Indes et de la Chine. Les besoins de monnaies divisionnaires, si intenses pendant la guerre, sont moins pressants. La Grande-Bretagne a décidé de réduire de près de moitié la teneur en argent pur de ses monnaies divisionnaires, dont elle ramène le titre de 916 à 500 millièmes de fin.

Il ne faut donc pas exagérer la portée du mouvement de hausse de l'argent auquel nous avons asisté. Ce métal n'est pas appelé à jouer dans le monde le rôle qu'il y remplissait jadis. Aucune des nations qui ont adopté l'étalon d'or ne songe à le remplacer par l'étalon d'argent, ni à retourner au bimétallisme ; celles qui ont dû se mettre au régime du papier-monnaie n'ont qu'un but en vue, si éloigné qu'il puisse paraître, c'est de revenir à l'étalon d'or, en dépit de la diminution de la production du métal jaune. Cette diminution a été due en partie à l'accroissement du prix de revient : les salaires des ouvriers, le coût des machines et matières nécessaires au traitement des minerais ont subi le contre-coup de la hausse universelle ; dans certains cas, la marge de bénéfice, c'est-à-dire l'écart entre l'ensemble de ces frais et la valeur de l'or obtenu, a disparu. Les producteurs n'ont pas toujours ici la ressource qui est en général à la portée des industriels, dont le prix de revient augmente, celle d'élever leur prix de vente : dans beaucoup de pays, les mineurs sont obligés par la loi de céder leur métal au gouvernement au tarif monétaire, c'est-à-dire de le transformer en un nombre limité d'unités monétaires du pays. Tel était le cas des colonies anglaises, qui produisent annuellement plus des trois cinquièmes du métal jaune qui se récolte dans le monde ; les mines du Transvaal étaient tenues de remettre leur production à la Banque d'Angleterre au prix fixe de 77 shillings 9 pence l'once standard. Après de longues hésitations, le Gouvernement britannique s'est décidé à révoquer cette mesure et à permettre aux sociétés minières de vendre leur or librement au meilleur prix obtenable.

Elles ont donc vendu leur produit à la parité du dollar, soit à 20 dollars 67 par once fine. La perte au change de la livre sterling par rapport au dollar, improprement appelée « prime sur l'or », leur a assuré pendant plusieurs années un supplément de recettes aujourd'hui disparu. La valeur réelle de l'once d'or n'a pas changé, bien entendu, mais son prix exprimé en sterling a suivi pendant cette période les fluctuations de la monnaie anglaise par rapport au dollar. Il a atteint 118 shillings en 1921, 98 shillings en 1922, 95 shillings en 1923 et 98 shillings en 1924.

La prime au change de la livre sur le dollar ayant maintenant disparu, le prix de l'once d'or fin est revenu à 84 shillings 10 pence, disons au pair.

Position respective de l'or et de l'argent. ⌒ En résumé, la situation des deux métaux précieux est actuellement la suivante. La production en est ralentie et notablement inférieure au maximum atteint dans les premières années du siècle, tout en restant encore très supérieure à ce qu'elle était avant la découverte des gisements de l'Afrique australe. La valeur de l'argent par rapport à l'or, après avoir énormément monté et dépassé pendant plusieurs mois le maximum des dernières cent cinquante années, est revenue à ce qu'elle était il y a vingt-cinq ans. La libre circulation des monnaies d'or a cessé à peu près partout. Les diverses nations cherchent à conserver leur stock métallique et, par des mesures législatives, en interdisent ou en restreignent la sortie hors de leurs frontières.

Situation des États-Unis d'Amérique. ⌒ Si nous considérons en particulier la situation de la communauté économique la plus puissante du monde, celle des États-Unis d'Amérique, nous pouvons la résumer comme suit. En 1919, les exportations de marchandises américaines ont dépassé les importations de 4 milliards de dollars, soit, en ne calculant le dollar qu'au pair de 5 fr. 18, plus de 20 milliards de francs, ce qui n'a pas empêché des sorties d'or de 291 et d'argent de 150 millions de dollars. En 1924 il a été importé aux États-Unis par solde 258 millions de dollars d'or et exporté 36 millions de dollars d'argent. L'excédent des exportations de marchandises a été de 887 millions de dollars. La production américaine de métal jaune, qui était de 100 millions en 1915, est tombée en 1919 à 60 millions de dollars et à 49 millions en 1925. L'Inde a dévoré des sommes énormes d'argent : 109 millions d'onces en 1917, 79 en 1918, 237 en 1919, au total 426 millions en trois années, les trois quarts de la production mondiale de cette période. C'est sous l'influence de cette demande et de celle de la Chine que l'argent a atteint à Londres, le 11 février 1920, le cours le plus élevé jamais connu, celui de 89 pence 1/2 l'once. On sait qu'en

1919 le gouvernement des États-Unis, afin d'enrayer la hausse, avait fait voter par le Congrès une loi l'autorisant à aliéner 100 millions de dollars de ses réserves d'argent, avec obligation pour le Trésor de les racheter dès que le prix tomberait au-dessous de 1 dollar l'once, mais en limitant ces rachats au métal produit sur le territoire américain. Cette opération a été terminée en juin 1923 et elle a porté sur 200 585 000 onces. Signalons que l'Inde est maintenant un des plus gros acheteurs d'or ; elle en a absorbé en 1925 pour plus d'un milliard de francs, dont 340 millions provenant directement des mines sud-africaines.

Le marché principal du métal blanc a d'ailleurs, pendant la guerre, été à New-York, et c'est le cours de l'argent sur cette place qu'il faut considérer pour se rendre compte du déplacement exact par rapport au cours qui correspond à la parité de 1 à 15 1/2. Cette parité se traduit par le prix de 1 dollar 31 cents pour une once d'argent fin. Or la cote la plus élevée en Amérique a été atteinte le 25 novembre 1919 : elle a été ce jour-là de 1 dollar 37. Au même moment, l'once d'argent standard était cotée à Londres 76 pence. La prime apparente à Londres était de 25 p. 100, à New-York d'environ 5 p. 100. La contradiction apparente vient de ce que, ce jour-là, la livre anglaise perdait 16 p. 100 par rapport au dollar américain. En janvier 1927 la cote de Londres est d'environ 25 pence et celle de New-York de 60 cents.

DEUXIÈME PARTIE

FINANCES PRIVÉES

CHAPITRE III

LE BUDGET D'UN PARTICULIER

CONCEPTION MONÉTAIRE. ‖ LA MONNAIE REPRÉSENTE LE TRAVAIL. ‖ LE BUDGET DES PARTICULIERS. BUT DES EFFORTS HUMAINS. ‖ PERMANENCE OU INSTABILITÉ DES PATRIMOINES. ‖ CRISE DE 1914. ‖ HAUSSE DES SALAIRES. ‖ RENTIERS. ‖ CAPITALISTES.

DÉVELOPPEMENT *de la conception monétaire dans l'esprit humain.* ✑ La finance se révèle à chacun de nous par la notion qui s'introduit peu à peu dans le cerveau de l'enfant qu'il existe un moyen d'acquérir des objets ou des services.

Ce moyen, c'est l'argent, ou plus exactement la monnaie. A la minute où cette notion est devenue claire dans notre esprit, nous concevons la nécessité de nous procurer ces instruments d'achat en quantité égale à celle de nos besoins. Nous apprenons peu à peu à déterminer les sommes de monnaie qui correspondent à tel poids, tel volume ou tel nombre des objets que nous désirons acquérir. L'écolier qui achète un petit pain, un morceau de chocolat, un sac de billes, qui paie quelques sous pour se promener cinq minutes dans la voiture aux chèvres ou faire un tour sur les chevaux de bois, commence à avoir un sentiment obscur de ce qu'est une opération financière. Il a peut-être reçu une gratification pécuniaire de ses parents le jour où il a obtenu une bonne place dans sa classe, et il a pu, d'une part, mesurer l'intensité de l'effort qu'il a fait pour arriver à ce résultat, d'autre part éprouver celle de la jouissance que lui a procurée l'achat d'une des denrées ou la satisfaction de l'un des désirs que nous avons énumérés.

Sans dout il ne s'imaginera pas avoir fait œuvre de finance en accomplissant l'une des opérations très simples qui se rencontrent dans sa paisible existence, et cependant il a fait un premier pas dans la vóie où il se heurtera à des problèmes de plus en plus nombreux, à mesure qu'il approchera de l'âge d'homme et se trouvera en présence des circonstances diverses de l'existence.

Le voici étudiant : ses parents lui accordent un subside mensuel, moyennant lequel il doit payer sa chambre, sa nourriture, ses vêtements, son blanchissage, prendre ses inscriptions à la Faculté de droit ou de médecine. Il est obligé de tenir le compte de ses recettes et de ses dépenses, de se préoccuper de restreindre ces dernières dans la limite de ses ressources, s'il ne veut pas avoir recours à toute sorte d'expédients fâcheux, à l'emprunt par exemple, qui le soulagera momentanément mais en grevant l'avenir et en le contraignant à des efforts de plus en plus grands pour se débarrasser de ce fardeau. La suite de la vie ne ménagera pas les soucis à celui qui les a connus dans sa jeunesse : il aura sa famille à élever, ses enfants à nourrir, à éduquer, à soigner au cours de leurs maladies ; il sera lui-même exposé au chômage, aux difficultés de sa carrière. Tout cela se traduira par des suppléments de dépenses, des insuffisances de rentrées. Chacun de nous doit veiller, chaque jour, à chaque heure de son existence, sur les mouvements des fonds qu'il possède et de ceux qui, tout en étant propriété d'autrui, lui sont momentanément confiés. C'est de cette manière que pénètre peu à peu dans son esprit l'idée de monnaie, qui s'incorpore à des actes de plus en plus nombreux.

Nous avons consacré nos deux premiers chapitres à l'étude de cette monnaie qui pénètre l'activité de chacun de nous : comment ce concept se présente-t-il à la pensée de l'enfant, puis de l'homme? Il est indéniable que, au stade actuel de l'humanité, les générations, à mesure qu'elles entrent en scène, ne discutent plus les origines ni la raison d'être de la monnaie. Seuls quelques spécialistes s'ingénient à analyser la nature de cet instrument quasi universel des échanges. La presque totalité des humains l'accepte sans réflexion et n'est attentive qu'aux moyens de s'en procurer la plus grande quantité possible. A de rares exceptions près, les hommes constatent qu'ils ne peuvent en acquérir que moyennant un effort soutenu et répété. La parole de l'Écritur : « Tu gagneras ton pain à la sueur de ton front » se vérif... ...que jour pour le travailleur manuel comme pour l... ...seur, et ce n'est pas toujours ce dernier qui a la tâc... ...a moins ardue à remplir.

La monnaie représente le travail. ∽ Aussi comprennent-ils l'un et l'autre que la monnaie, l'argent, comme on l'appelle vulgairement, n'est autre chose que la représentation de l'effort musculaire ou cérébral qui crée des richesses matérielles ou qui découvre de nouveaux moyens d'en créer. Le salaire de l'ouvrier agricole ou industriel, de l'employé de banque ou de commerce, le traitement du professeur, du fonctionnaire à tous les degrés de la hiérarchie, s'expriment et se paient en argent. L'être le plus simple comprend cette équivalence, qui se manifeste d'une façon tangible, lorsqu'à la fin de la journée, de la semaine ou du mois, l'employeur met dans la main de celui qui a travaillé sous ses ordres une certaine quantité de billets, de pièces d'or ou d'argent, prix convenu du service rendu, du labeur fourni.

Le plus souvent, ceux qui reçoivent ces sommes en ont un besoin immédiat et les dépensent aussitôt pour se procurer, à eux et à leurs familles, les aliments, les vêtements, le logement, le chauffage indispensables à la vie. Dans certains cas, les salariés reçoivent plus que ce qui leur est nécessaire à l'instant où ils le touchent et peuvent alors mettre de côté une partie de l'argent encaissé par eux.

Formation du capital. ⬲ Cette monnaie, qui n'est pas autre chose que l'incarnation du travail, devient, entre les mains de ceux qui la conservent, un capital. La nature de cette monnaie, ainsi provisoirement emmagasinée, ne diffère en aucune façon de celle qui est dépensée immédiatement. Mais il semble que, par le fait seul de son immobilisation temporaire entre les mains de quelques individus, elle change de caractère, et c'est ainsi que les préjugés ont créé un antagonisme entre le travail et le capital, lequel n'est pas autre chose cependant que du travail accumulé. Nous voudrions que le lecteur appliquât dès maintenant son attention à cette vérité, dont la méconnaissance a provoqué et provoque encore journellement tant de funestes malentendus.

Nous nous bornons, pour le moment, à constater que l'invention de la monnaie a eu pour résultat de synthétiser pour chaque individu ou chaque famille le problème de l'existence en un problème monétaire. Il est bien évident qu'en dernière analyse, ce dont nous avons besoin, ce n'est ni d'or ni d'argent, ni de billets de banque, mais des objets que nous nous procurons à travers cet or, cet argent, ces billets. Dans les sociétés primitives, lorsque les hommes vendaient leur travail ou le produit de leur travail, ils stipulaient la remise, en échange de ce qu'ils fournissaient, de certaines denrées. C'était le régime du troc, aisé à appliquer dans des communautés où les besoins des individus étaient peu nombreux et où il suffisait d'établir l'équivalence de quelques objets nécessaires à la vie pour fixer dans les esprits la notion de leur valeur.

(46)

Comment de la monnaie régularise l'activité humaine. ∽
De nos jours, où les progrès des sciences, de l'industrie
et des communications ont multiplié pour ainsi dire à
l'infini les besoins du moindre habitant de la planète, il
on'es guère possible de concevoir les échanges s'opérant
autrement qu'à l'aide d'un dénominateur commun, qui
est la monnaie. On ne saurait demander, même à un
anaudi, d'avoir constamment présente à la pensée la
traduction arithmétique des valeurs relatives des centaines
ou des milliers de denrées, de vêtements, d'objets et de
services de toute nature, que la complexité de la vie moderne amène à jet continu sur les marchés mondiaux.
Quel est l'ouvrier qui pourrait dire combien de grammes
de blé, ou quelle partie de son vêtement, combien de litres
de vin, combien de boisseaux de charbon égalent sa journée de travail? Quel est le mathématicien qui, mettant en
parallèle un couteau de table, une chemise, une cravate,
une paire de souliers, déterminera par des chiffres, les
portions respectives de valeur incarnées dans chacun de
ces objets? Et encore ne citons-nous que des marchandises
peu compliquées, n'offrant qu'un nombre limité de variétés. Que serait-ce si nous considérions la gamme indé-
finie des produits de l'industrie moderne? Pénétrons dans
un magasin quelconque, où sont exposés par exemple les
produits mécaniques, les outils, les machines-outils, les
instruments d'optique, de chirurgie, les appareils électriques. Nous y verrons des centaines, des milliers d'objets
divers, dont beaucoup sont l'assemblage de quantités
d'autres objets qu'il a fallu fabriquer au préalable, qui
ont été vendus sous la forme primitive avant d'être
incorporés dans un organisme plus compliqué. Qu'on
essaie de se représenter les innombrables opérations d'é-
change qui ont précédé la constitution des seuls étalages
accumulés dans les rues de nos villes, et on reconnaîtra
qu'il eût été impossible d'arriver au résultat obtenu si tous
ceux qui ont concouru à ces travaux n'avaient pas eu
constamment à leur disposition le moyen de régler, par

une opération simple, les achats et reventes successifs de tous les éléments constitutifs de l'objet auquel aboutissent des années d'efforts, d'études, de recherches de tout genre.

Le mode le plus ordinaire par lequel les peuplades primitives ont été initiées à l'ordre monétaire moderne est celui du tribut qu'un chef exigeait d'elles. Il arrivait qu'en l'absence de signes monétaires le suzerain se contentât d'exiger une redevance en nature, telle que la dîme des récoltes. La rente de la terre s'acquittait souvent moyennant le partage des récoltes entre fermier et propriétaire : elle l'est encore aujourd'hui de la sorte par le métayer. Mais le système du paiement en argent est beaucoup plus répandu, en sorte que, même dans le cas très simple où il semble que le partage effectif des produits auxquels ont droit les deux contractants soit la solution naturelle, on en arrive rapidement à la rente en argent.

Le coût de la vie. ∽ Bien que la connaissance universelle des prix de toute chose soit une impossibilité, il n'en est pas moins vrai que chacun de nous arrive à se familiariser avec la notion du coût de la vie, exprimé par les cours d'un certain nombre d'objets essentiels. L'homme qui mène l'existence la plus simple, le paysan le plus étranger aux besoins souvent factices de l'existence moderne, sait par combien de francs et de centimes se traduisent les cours du pain, de la viande, du lait, des chaussures, des vêtements usuels. Chacun de nous porte dans son esprit une notion générale d'équilibre du prix d'achat et de vente et s'est habitué, depuis son enfance, à recevoir ou à payer des sommes à peu près constantes pour des services ou des objets déterminés. C'est d'après ces données que s'organise le budget de chaque famille. Le chef responsable met en balance ses ressources et ses besoins, ses recettes et ses dépenses ; il s'efforce de contenir ceux-ci dans les limites de celles-là,

Chaque fois que cela lui est possible, il tâche de maintenir les seconds en deçà des premières, de façon à se ménager une marge pour l'imprévu et à se constituer des réserves pour l'avenir. Au cours d'une génération, il se produit quelquefois des évolutions brusques qui modifient sensiblement les conditions dans lesquelles avait été organisé ce budget familial : de là naissent des difficultés et des souffrances dont la période qui suit la Grande Guerre nous donne l'inquiétant spectacle.

Le budget des particuliers. ∞ C'est alors que le problème du bugdet particulier prend, pour une partie de la population, un aspect de gravité extraordinaire. Les prix des choses nécessaires à la vie subissent une ascension ininterrompue, qui bouleverse les rapports établis entre les besoins et les moyens de les satisfaire. Il semble qu'il faille réajuster toute l'échelle des cours ; mais le réajustement lui-même paraît impossible, à cause de l'instabilité qui est la caractéristique des périodes troublées et qui amène des modifications incessantes dans les différents termes du problème. Ceux-ci appartiennent à quatre ordres : les besoins des hommes, la somme de travail prête à les satisfaire, la quantité d'objets disponibles pour la consommation, le volume des instruments monétaires au moyen desquels s'opèrent les échanges de services et de marchandises. En temps normal, une adaptation ancestrale s'étant opérée entre ces divers facteurs, la vie économique se poursuit normalement à l'intérieur de chaque pays et dans les relations internationales.

Relations internationales. ∞ Ces dernières sont devenues, au cours du XIXᵉ et au commencement du XXᵉ siècle, incomparablement plus nombreuses, plus suivies, plus importantes, que dans le passé. Le volume du commerce extérieur entre les diverses nations du globe s'élevait en 1913 à plus de 160 milliards de francs, cinq fois ce qu'il était en 1870, c'est-à-dire moins d'un demi-siècle

4

auparavant et il dépasse maintenant 220 milliards de francs-or. Il résulte de ce rapprochement que l'influence des événements qui s'accomplissent en dehors de nos frontières est beaucoup plus grande qu'autrefois sur notre propre existence et que les modifications survenues à l'étranger ont un contre-coup immédiat sur les prix pratiqués à l'intérieur. Cette influence ne s'exerce pas seulement sur les objets importés, dont le prix se règle dans une certaine mesure sur celui des objets similaires produits à l'intérieur des frontières et des objets exportés qui sont sous l'influence des prix en vigueur dans les pays acheteurs, mais sur l'ensemble de la vie. Les salaires eux-mêmes, quoique présentant encore, en l'an 1926, des inégalités considérables en apparence, ont une tendance à se niveler de plus en plus. Si le salaire nominal, c'est-à-dire exprimé en monnaie, présente encore de larges écarts entre les différents pays, le salaire réel se rapproche constamment de ce qui est l'objet des justes aspirations des travailleurs, c'est-à-dire de la somme suffisante pour assurer la satisfaction de leurs besoins légitimes.

But général des efforts humains. ⌒ Nous en avons dit assez pour mettre en lumière cette vérité, journellement éprouvée par la majeure partie des humains, que la préoccupation maîtresse de tout être pensant est de s'assurer les moyens d'existence nécessaires à lui et aux siens. Cette constatation quelque peu brutale semblera cruelle à ceux qui voudraient que l'idéal désintéressé tînt une place plus grande dans les préoccupations des hommes. Nous leur répondrons que l'effort et le travail peuvent tendre vers un idéal en même temps que vers un salaire, que d'ailleurs un certain nombre d'hommes se trouvent dans des situations privilégiées leur permettant de s'abstraire des soucis matériels qui sont le lot de la plupart de leurs semblables, que ceux-là paraissent avoir reçu mission de se livrer aux spéculations désintéressées de la science et de la philosophie et de passer de génération en génération le flambeau des connaissances supérieures grâce auxquelles l'humanité progresse.

Organisation progressive des sociétés humaines. ∾ Comment se recrute cette élite, dont la formation choque au premier abord l'instinct d'égalité qui est au fond de nos cœurs et qui cependant a toujours existé et existera toujours, mais dans des conditions de plus en plus favorables au bonheur de l'espèce et de moins en moins contraires aux principes d'une saine fraternité? Dans les sociétés primitives, les individus, réunis en tribus, éprouvèrent bien vite le besoin de coordonner leurs efforts en vue de certains buts à atteindre, et de se donner un chef librement accepté pour y arriver. Le travail de ce chef consistait à diriger les autres ; il en résulta la nécessité de le dispenser du labeur quotidien destiné à le faire vivre lui et les siens. Tous ceux qui se rangeaient sous sa bannière augmentaient légèrement leur effort pour lui abandonner l'excédent de leur production sur leurs besoins. De là naquirent les familles souveraines, auxquelles cet excédent de production ne tarda pas à être fourni sous forme de tribut ou de subsides. Lorsque le chef était électif, il ne jouissait de ces avantages que pour la durée limitée de son commandement ou au plus pour celle de sa vie. Quand le principe de l'hérédité fut admis, il advint que les dynasties princières accumulèrent des richesses qui les mirent, pour des siècles, à l'abri de la nécessité du travail quotidien. Mais il ne faut pas oublier que, si elles étaient ainsi affranchies de ce qui fait le souci des autres, elles avaient de graves responsabilités au point de vue de la conduite des affaires publiques ; les erreurs commises par elles dans le gouvernement pouvaient leur coûter le trône et parfois la vie. Au-dessous de ces familles de chefs, il s'en constitua peu à peu d'autres qui, d'une façon générale, peuvent être désignées du nom d'auxiliaires de la puissance publique et qui aidaient les souverains à remplir les devoirs de leur charge, c'est-à-dire à défendre et à administrer le pays. Là aussi la nécessité de mettre les fonctionnaires à l'abri du besoin leur fit attribuer une partie du fruit du travail du restant de la population, au bien-être et à la sécurité de laquelle ils étaient appelés à veiller.

Genèse des premières fortunes. ∽ Telle fut la genèse des premières fortunes, constituées par ce que le souverain et les fonctionnaires pouvaient épargner sur les ressources annuelles qui leur étaient accordées. Quand à la production agricole s'ajouta la production industrielle, en premier lieu celle des mines, puis celle de la métallurgie, du tissage, des usines mécaniques, les bénéfices des hommes qui s'adonnèrent à ce genre d'activité et procurèrent à leurs concitoyens les instruments de tout genre et les vêtements, constituèrent un nouveau fonds de richesse beaucoup plus important que le premier, lequel ne pouvait, d'ailleurs, se constituer qu'après que le second lui en eût fourni les éléments.

Plus tard, lorsque les peuples ne vécurent plus isolés les uns des autres et que les consommations individuelles ne se bornèrent plus aux produits du sol indigène, le commerce international naquit, et des fortunes s'édifièrent entre les mains des négociants qui se chargeaient de la recherche et du transport des marchandises à travers le monde. Ce fut l'origine d'une nouvelle classe de richesses économisées qui ne provenaient plus de la remise directe à des chefs d'un tribut, mais du prélèvement opéré par des trafiquants sur des prix des denrées dont ils approvisionnaient leurs concitoyens.

C'est ainsi que l'humanité, dans sa marche vers les conditions actuelles de son existence, a vu se créer des situations exceptionnelles, qui n'étaient d'ailleurs que la récompense d'un travail exceptionnel de commandement ou de production.

Permanence ou instabilité des patrimoines. ⌒ Cette récompense n'avait rien qui dût choquer les hommes, puisque leur libre consentement était à l'origine de ces fortunes. Aujourd'hui les lois fiscales qui les atteignent de plus en plus se chargent de rétablir l'équilibre. D'ailleurs, l'expérience nous apprend que la conservation de patrimoines importants transmis par héritage n'est pas chose aussi facile que le vulgaire se l'imagine. Combien de fils ou de petits-fils d'hommes riches ont vu se volatiliser entre leurs mains inhabiles la fortune léguée par leurs ascendants. C'est le cas de rappeler l'adage italien : *Padre mercante ; figlio cavalcante ; nepote mendicante.* « Le père amasse de l'argent dans le négoce ; le fils le dépense en jouant au grand seigneur ; le petit-fils est réduit à la mendicité. »

Quoi qu'il en soit, — et ce n'est pas ici le lieu de pousser plus avant la discussion philosophique de l'égalité ou de l'inégalité des conditions humaines, — il est bien certain que la question financière est à la base de l'existence des individus comme à celle des peuples.

Tendance à l'équilibre économique. ⌒ Entre le clan primitif, où chaque famille subvient à sa nourriture et à son vêtement, et le monde moderne doté d'une industrie gigantesque et de moyens de transport qui distribuent les produits sur toute la surface du globe, il semble qu'il y ait un abîme. Et cependant si, à travers les apparences si dissemblables, nous cherchons à pénétrer au fond des choses, nous trouvons toujours la même préoccupation chez l'homme, à savoir celle d'assurer son existence et celle des siens contre ce qui la menace quotidiennement, avant tout la faim et le froid, ces deux destructeurs du genre humain. Et comme tout ce qui est nécessaire à cet effet peut s'acquérir au moyen de la monnaie, que l'homme moderne concentre de plus en plus son travail sur un objet déterminé qu'il produit en quantité très supérieure à ses besoins propres, il est conduit à ordonner cette finance individuelle que nous avons inscrite en tête de notre chapitre, parce qu'elle est la cellule primordiale autour de laquelle s'agglomèrent toutes les autres.

L'idéal vers lequel marche le genre humain, c'est évidemment l'équilibre de la production et de la consommation. Si toutes les agricultures et toutes les industries en étaient arrivées à fournir exactement ce que réclament les 1 500 millions d'hommes qui peuplent le globe, le problème des budgets particuliers serait simplifié et devrait se résoudre comme une série d'équations à travers la monnaie universellement admise. Celle-ci servirait uniquement à mesurer les quantités de chaque chose devant être mises à la disposition des communautés, puis, au sein de chaque communauté, des individus la composant.

Rôle limité de la monnaie. ⌒ Il ne faut pas oublier que cette monnaie ne crée rien par elle-même ; si les produits ne sont pas là en quantité suffisante pour répondre aux besoins des hommes, on aura beau multiplier les signes monétaires : ils ne remplaceront ni le blé, ni le charbon, ni le pétrole. Tout au plus pourrait-on dire que la perspective, pour les producteurs de ces matières, de recevoir une plus grande somme de monnaie contre une même quantité de marchandises les déterminera à intensifier leur production. Il est d'ailleurs impossible de résoudre le problème autrement que par ce développement de la production. Remarquons qu'elle est nécessitée par deux ordres de causes : l'accroissement de la population, phénomènes qui se constate dans beaucoup de pays, et la multiplication des besoins de chacun des individus qui constituent les nations, besoins individuels, besoins collectifs.

Nous ne discutons pas ici la légitimité plus ou moins établie de ces besoins. Beaucoup d'entre eux dépassent aujourd'hui largement ce qu'on pourrait appeler le minimum d'existence. Il est certain que l'homme peut vivre sans cinémas, sans cravates, sans linge empesé, sans beaucoup des ingrédients et des épices que nous faisons entrer dans notre cuisine, sans la complication des meubles, des tapis, des objets d'art qui ornent nos demeures, sans les facilités de transports maritimes, terrestres et aériens qui sont à la disposition de chacun de nous au centuple de ce qu'elles étaient il y a un siècle. Par conséquent, si les centaines de millions d'hommes dits civilisés qui réclament chaque jour les facilités de vie dont nous n'avons indiqué qu'un petit nombre étaient prêts à y renoncer et à mener la vie calme de leurs aïeux, une notable partie du travail industriel contemporain pourrait s'arrêter. Mais, aussi longtemps que cette hypothèse peu vraisemblable n'est pas réalisée, toute réduction dans la création des objets dont les hommes ne croient pas pouvoir se passer amène une crise.

Crise provoquée par la guerre de 1914. ⌀ Et c'est précisément une crise de ce genre qui sévit en ce moment dans le monde. La guerre déchaînée pendant plus de quatre ans a amené la fermeture et la destruction d'un très grand nombre d'usines. Elle a arraché des millions d'hommes aux travaux des champs. Elle a très fortement développé la consommation : ni les soldats sous les armes, ni les ouvriers des usines de guerre ne cherchaient à ménager les denrées. Il y a donc eu une rupture d'équilibre violente entre la production et la consommation, celle-ci augmentant pendant que la première diminuait. Nous sommes dans la période de transition pénible qui doit nous ramener à une situation normale, mais qui cause provisoirement de vives souffrances à une partie de l'humanité, celle dont les recettes n'ont pas augmenté. Considérons les rentiers qui vivent du produit d'un capital amassé par eux pendant de longues années de labeur, les fonctionnaires retraités qui jouissent d'une pension fixe : ils n'ont aucun moyen d'accroître la quantité de monnaie qui est annuellement à leur disposition ils ne peuvent plus, pour la même somme, se procurer qu'une partie des objets qu'ils achetaient antérieurement, et souffrent de privations souvent cruelles. Cela est si vrai que le Gouvernement français a spontanément augmenté les pensions qu'il sert à ses anciens serviteurs.

Hausse des salaires. ∽ Les salariés de tout ordre, ouvriers agricoles et industriels, employés des administrations publiques et des sociétés particulières, en présence de la hausse générale, réclament une augmentation du prix de leurs services. Un débat s'ouvre entre les fournisseurs et les acheteurs de travail, qui se termine par un accroissement plus ou moins considérable, plus ou moins rapide des salaires et traitements. Un nouvel équilibre semble s'établir alors entre les ressources et les besoins de cette partie de la population qui en forme d'ailleurs la grande majorité. Mais ce n'est qu'un équilibre provisoire, si la production ne remonte pas au niveau d'avant la crise et n'est pas à la hauteur des demandes qui surgissent. Celles-ci ne diminuent pas, car les salariés, se voyant en possession de quantités plus grandes de numéraire, multiplient leurs demandes et provoquent une nouvelle étape de hausse des prix.

Il n'y a de remède que dans le rétablissement de la production au niveau d'avant-crise, la reprise de la marche en avant de cette production, ou dans une restriction volontaire de la consommation. Celle-ci est difficile, dans bien des cas impossible. Le plus grand ennemi de l'humanité est donc le ralentissement dans le travail qui priverait les hommes d'une partie de ce dont ils ont besoin. Ce facteur universel a une influence dominante sur le budget de chacun de nous : c'est pourquoi il était nécessaire de le mettre en lumière au seuil même de l'étude des finances. C'est par le retentissement que ces événements mondiaux ont sur l'existence du plus modeste citoyen que celui-ci doit commencer son initiation financière.

Interdépendance des hommes dans l'état actuel de la production. ᐟ Aucun homme civilisé ne produit aujourd'hui la totalité de ce dont il a besoin pour vivre. Sa vie dépend donc du travail de ses semblables. La valeur de ce qu'il produit lui-même ou de ce qu'il s'est approprié par son effort antérieur ou celui de ses ancêtres est perpétuellement rapprochée de la valeur de la production d'autrui. Son budget s'établira sans qu'il puisse en avoir la mesure directe, d'après les rapports multiples qui existent entre la création et la consommation des richesses, à l'intérieur de son propre pays et à la surface du globe tout entier. Ses dépenses de nourriture dépendront des récoltes mondiales, du prix du blé à Chicago, de celui du fret qu'il faudra payer pour amener ce blé dans les ports européens. Il dépensera plus ou moins pour son linge selon la quantité de coton produite aux États-Unis, en Égypte, en Asie Centrale. Nous pourrions passer ainsi en revue tous les éléments de la consommation individuelle ; nous verrions comment chacun d'eux est influencé par les circonstances économiques et mondiales dont le contre-coup se fait sentir sur les prix de chaque chose et par suite sur les comptes de chaque consommateur, c'est-à-dire de l'universalité des habitants du globe. On conçoit, à la rigueur, une communauté assez vaste, assez puissante, pour qu'elle puisse se passer des autres nations. Il semble que les États-Unis d'Amérique, par exemple, aient chez eux d'assez amples ressources pour vivre sans l'apport d'aucun élément de dehors ; mais, à l'intérieur de cette communauté, les individus qui la composent ont besoin d'échanger leurs produits et leurs services : et en réalité la richesse même de la nation fait qu'elle importe un grand nombre d'objets.

Nous en revenons donc toujours à ce qui est en quelque sorte la cellule de l'organisme financier, le budget de chaque particulier, de chaque chef de famille. Au degré le plus simple, nous trouvons l'ouvrier, ouvrier de la terre ou de l'usine, qui vend son travail en échange d'un salaire journalier, hebdomadaire, mensuel ou annuel, qui devra être suffisant pour lui permettre de se nourrir, de se vêtir, de se loger, de se chauffer, lui et les siens. Il cherchera à obtenir davantage, afin de pouvoir s'accorder des distractions sous forme de voyages, de spectacles, d'acquisition d'objets de luxe ou d'agrément. S'il est prévoyant, il voudra, après avoir satisfait tous ses besoins, conserver une somme qu'il puisse mettre de côté, placer en attendant qu'il en ait besoin pour des circonstances imprévues, chômage, maladies, et autres. Dans beaucoup de cas, le législateur intervient afin de prévoir ces diverses éventualités. L'assurance sociale prend une place de plus en plus grande dans la vie moderne et dispense les hommes de prendre l'initiative de mesures qui sont édictées par la loi. Les budgets particuliers sont alors allégés d'un fardeau qui est assumé, au moins en partie, par celui de l'État.

Salaire nominal et salaire réel. Ouvriers et fonctionnaires. — Il faut prendre bien garde alors à la signification numérique des salaires. Tel travailleur agricole ne touchant que quelques francs de salaire quotidien, mais étant logé et nourri, pourra en réalité avoir une existence plus facile que l'ouvrier de l'usine voisine, payé 40 francs par jour, mais obligé de subir la hausse des vivres et des loyers qui absorbera la totalité de son revenu. C'est la distinction du salaire nominal et du salaire réel qu'il est si important de faire et qui nous rappelle une fois de plus que les expressions monétaires ne donnent pas, à elles seules, une idée exacte de la valeur relative des conditions humaines.

La caractéristique des salaires ouvriers est leur grande mobilité, mobilité qui, dans les temps modernes, s'est manifestée uniquement dans le sens de la hausse, hausse nominale et hausse effective. Non seulement il a été tenu compte, pour la fixer, du renchérissement de la vie, mais les sommes que gagnent aujourd'hui les ouvriers leur permettent de se procurer une quantité d'objets et de jouissances très supérieure à ce qu'elle était il y a un demi-siècle.

Après les travailleurs manuels de la campagne et de la ville, viennent les fonctionnaires de l'État, dont le nombre doublé, chez nous et ailleurs, au cours des dernières années, atteint aujourd'hui en France le chiffre d'un million et est une cause considérable de l'inquiétant accroissement de nos charges publiques. Dans cette catégorie comme dans la précédente, nous avons assisté à un relèvement du traitement parallèle à celui du coût de la vie. Dans bien des cas, particulièrement en ce qui concerne les employés du bas de l'échelle, ces relèvements ont dépassé la hausse des prix, de sorte que, pour eux comme pour les ouvriers, la situation est meilleure qu'autrefois. Au contraire, pour les fonctionnaires d'un rang plus élevé, pour ceux dont le travail intellectuel est intense, l'accroissement des émoluments est loin d'avoir été proportionnellement le même. Il se manifeste une tendance au nivellement, qui fait que la différence entre des situations jadis très inégales semble, tout au moins au point de vue matériel, s'effacer chaque jour.

Rentiers. ∽ A côté de ces deux catégories qui englobent la majorité de la nation, se place celle des Français et des Françaises qui vivent d'un revenu fixe, constitué soit par la rente d'un capital foncier ou mobilier possédé par eux, soit par une pension, retraite ou autre allocation fixe qui leur est servie par l'État ou des administrations particulières. C'est ici que se trouvent les budgets les moins élastiques et, par conséquent, les difficultés de vie les plus grandes à une époque de renchérissement comme celle que nous traversons. Cela est vrai surtout des rentiers qui n'ont pour ressources que les coupons de valeurs mobilières ou les loyers de leurs immeubles. Non seulement les sommes ainsi perçues n'augmentent pas, mais elles sont frappées de taxes de plus en plus élevées. Les porteurs de valeurs mobilières ont vu leurs coupons de plus en plus amputés. C'est ainsi que les actions et obligations au porteur acquittent trois taxes, majorées à diverses reprises, et que la loi du 4 décembre 1925 a fixées comme suit : timbre de 12 centimes par 100 francs de capital nominal, droit de transmission de 1 fr. 26 pour 100 francs de cours coté ; impôt sur le revenu de 18 p. 100. Pour une action de 500 francs cotée 1 000 francs et rapportant 40 francs, le prélèvement fiscal sera de 60 centimes pour le timbre, 12 fr. 60 pour le droit de transmission, 7 fr. 20 pour la taxe sur le revenu, soit un total de 20 fr. 40, c'est-à-dire plus de la moitié. Seuls les titulaires de pensions ont vu des lois récentes améliorer leur sort en élevant le tarif de leurs arrérages. C'est dans la classe des petits rentiers que l'établissement du budget annuel rencontre les plus sérieuses difficultés et impose les plus grandes privations : en face d'eux ils n'ont personne de qui ils puissent exiger une amélioration de leur sort.

Commerçants, industriels, financiers. ∽ C'est dans les professions commerciales, industrielles ou financières, que les budgets sont exposés aux oscillations les plus étendues. Ils varient selon l'importance de l'entreprise, la capacité de ceux qui la dirigent, les époques, les conjonctures plus ou moins favorables à tel ou tel négoce, telle ou telle industrie. Ici, plus que dans aucune autre carrière, la plus grande prudence s'impose au chef de famille dans l'ordonnancement de ses dépenses. Bien téméraire serait celui qui considérerait comme un revenu normal le bénéfice d'une année heureuse et qui n'en mettrait pas une partie de côté. Il se le doit à lui-même et aux siens ; il le doit même, à un point de vue supérieur, à la communauté. Ce n'est en effet que dans cette catégorie que peuvent se réaliser des bénéfices assez élevés pour permettre à ceux qui les font de constituer des réserves, en d'autres termes, de former des capitaux.

Évidemment l'épargne est possible chez tous les travailleurs, mais elle porte sur des chiffres d'un autre ordre
de grandeur quand il s'agit des chefs d'entreprises.
Autour de ceux-ci gravite d'ailleurs tout un personnel
d'employés qui se trouvent vis-à-vis d'eux dans une
situation analogue à celle des ouvriers vis-à-vis des
industriels. L'augmentation des traitements des employés
de toute nature a été parallèle à l'augmentation du
coût de la vie. Elle a été donnée sous forme d'élévation
successive du chiffre du traitement antérieur ou bien
d'indemnités de vie chère, qui pourraient en théorie
être réduites ou supprimées en cas d'abaissement du
prix de la vie, mais qui, en fait, ne le seront probablement
jamais.

Capitalistes. ⌒ Ces diverses considérations nous amè-
nent à examiner plus en détail la situation de ceux des
citoyens d'un pays qui ont ce qu'on appelle vulgairement
de la fortune. Nous ferons observer à ce sujet que bien
des idées erronées sont répandues à cet égard. La véritable fortune est le capital qui peut procurer un revenu.
Or à cet égard il n'en est pas de plus grand que l'homme
lui-même, le capital humain qui, par le travail, est pro-
ductif de richesse. Le cerveau d'un grand savant, l'intelligence d'un médecin, la science d'un professeur,
le génie d'un inventeur ou d'un industriel sont, au point de
vue non seulement de la puissance d'une nation, mais de
sa force économique, quelque chose de très supérieur
à ce que représente un capital épargné d'un million qui
assure 30, 40 ou 50 000 francs de rente à son possesseur. Ces éléments constituent de véritables fortunes.
Nous examinerons néanmoins celles-ci au sens vulgaire
du mot, c'est-à-dire celui d'un patrimoine acquis par le
travail direct du possesseur ou par celui de ses auteurs,
qui le lui ont transmis par voie d'héritage : ce sera
l'objet du chapitre suivant.

CHAPITRE IV

ÉLÉMENTS CONSTITUTIFS DE LA FORTUNE PRIVÉE

APPROPRIATION individuelle. Représentation monétaire. Les deux éléments essentiels de la richesse sont la nature et l'homme, la terre et le travail qui la met en valeur. Toute matière vient en effet du sol de notre planète, en y comprenant l'air qui l'environne et le soleil qui l'éclaire ; mais la matière ne devient utile que si l'homme y applique son intelligence et son effort. C'est parce que cette intervention est nécessaire que les richesses naturelles ont été, en partie du moins, attribuées à des individus : des exceptions apparentes comme celles de l'air ou de l'eau qui existent en quantités supérieures à nos besoins immédiats n'infirment en rien cette vérité. D'ailleurs, en maintes circonstances, ces éléments sont appropriés. Il suffit de réfléchir aux entreprises de distribution d'eau, d'air comprimé, pour s'en rendre compte.

La légitimité de la propriété individuelle repose sur le travail, qui est à l'origine de toute appropriation du sol ou de ses produits. Dans certains pays subsiste une propriété collective, comme celle de la commune russe, le *mir*, qui possède un territoire appartenant à l'ensemble des habitants du village. Mais cette collectivité elle-même individualise, au regard de la masse, d'innombrables fractions du sol. Chaque mir est une monade dans le sein de l'empire. D'ailleurs, la tendance très nettement marquée de la propriété paysanne en Russie est à une répartition du sol entre les individus eux-mêmes.

Cette transformation, dont l'initiative avait été prise, après la guerre russo-japonaise, par le tsar Nicolas II, s'est poursuivie même sous le régime bolcheviste et paraît avoir multiplié, dans une proportion considérable, le nombre des paysans propriétaires dans l'immensité slave.

Les diverses formes de la fortune. ∽ Presque partout la forme primitive de la richesse a consisté dans la possession d'une certaine étendue de terre. En la cultivant, les hommes y font pousser les plantes qui les nourrissent ; ils y font paître des troupeaux qui leur donnent le lait et la viande qui les alimentent, la laine qui sert à tisser les vêtements, le cuir avec lequel se fabriquent les chaussures. En la couvrant de constructions, ils se sont ménagé des logements. En creusant la surface, ils ont trouvé le minerai, la houille, le pétrole ; c'est ainsi que se vérifie la théorie des physiocrates affirmant que la terre est la source de toutes les richesses. Mais le développement de la civilisation a modifié peu à peu cette conception simpliste. Les produits sortis du sol ont été travaillés de mille manières et transformés en objets innombrables qui répondent aux besoins multipliés de l'humanité.

Une partie des objets produits a servi à créer des installations, dans lesquelles s'incorpore une fraction de la richesse primitive et dont la possession constitue à son tour une richesse. C'est ainsi qu'un homme possédant une usine, n'occupant qu'un hectare, peut être à la tête d'un patrimoine d'une valeur très supérieure à celle de l'agriculteur qui a 1 000 hectares de champs cultivés en céréales : fortune industrielle. Un autre a pu accumuler dans ses magasins des produits agricoles ou manufacturés pour des millions : fortune commerciale. A mesure que l'usage de la monnaie se répandait, les hommes furent de plus en plus désireux de s'en assurer la plus grande quantité possible, puisque, par son intermédiaire, ils pouvaient acquérir tous les autres biens. Le détenteur de monnaie avait donc une option sur toutes les marchandises offertes en vente par les producteurs de tous ordres : fortune financière. Une nouvelle étape fut ensuite franchie, la plus considérable au point de vue des conséquences qu'elle a eues sur l'organisation des sociétés modernes : c'est celle qui a été marquée par l'introduction du prêt à intérêt.

Le prêt à intérêt. ⌒ Cette notion est probablement antérieure à celle de la monnaie : car l'idée de rémunérer le service que rend à l'emprunteur celui qui lui prête un objet quelconque a dû se présenter à l'homme à une époque bien reculée. Mais elle n'a pris le développement que nous lui connaissons et elle n'a engendré les conséquences prodigieuses que nous voyons se dérouler que depuis l'adoption générale, par l'humanité, de la monnaie comme instrument unique des échanges. Grâce à elle, en effet, les prêts, variés à l'infini, d'objets répondant aux besoins des emprunteurs ont pu être remplacés par le prêt d'une substance unique, celle au moyen de laquelle on se procure toutes les autres. Non seulement les emprunts se sont effectués exclusivement en monnaie, mais leur rémunération a été stipulée de la même manière, et tout le débat entre prêteur et emprunteur s'est borné à la fixation de la quantité de monnaie qui serait versée par le second au premier en sus de la quantité reçue, à titre de rémunération.

Afin de simplifier les calculs, l'habitude a été prise de les ramener toujours à une période uniforme, celle de l'année : dès lors, le taux de l'intérêt exprime la rémunération consentie pour cette durée. Par une autre convention à peu près universellement admise, on a fait ce calcul pour une quantité fixe de monnaie, correspondant à 100 unités. C'est ainsi qu'en France, lorsqu'on parle d'un taux d'intérêt de 5, cela signifie que l'emprunteur paye et que le prêteur reçoit 5 francs par an pour une somme de 100 francs.

Les détenteurs de monnaie qui disposaient d'une quantité supérieure à celle de leurs besoins immédiats s'efforcèrent d'en tirer un parti avantageux ; ils prêtèrent cet excédent à ceux qui n'en possédaient point ou qui cherchaient à employer des capitaux dans des conditions telles que le revenu obtenu par eux au moyen de ces capitaux dépassât l'intérêt qu'ils étaient obligés de payer pour en obtenir l'usage temporaire. Ces prêts, lorsqu'ils étaient conclus entre particuliers, donnaient lieu à des contrats bilatéraux, stipulant le taux de l'intérêt et la date de remboursement.

Emprunts d'État. ∽ L'opération prit une forme plus savante le jour où les États entrèrent en scène comme emprunteurs. Ils émirent alors des obligations en faveur des souscripteurs, s'engageant à payer à chacun d'eux un certain intérêt et à le rembourser à jour fixe. Les propriétaires de ces obligations, après avoir ainsi prêté leurs capitaux, pouvaient se trouver en face de la nécessité d'en recouvrer la disponibilité avant l'échéance stipulée pour le remboursement et désirer dès lors se substituer, vis-à-vis de l'État débiteur, un autre créancier. De là la création du marché des fonds publics, où les souscripteurs-primitifs rencontrent d'autres capitalistes désireux d'employer leurs ressources à l'achat des créances qu'eux-mêmes désirent vendre. Une facilité de plus a été donnée à ces négociations le jour où les États, au lieu de se borner à créer des titres nominatifs, c'est-à-dire établis au nom de chaque souscripteur et lui conférant un droit personnel, ont émis des titres au porteur, se transmettant par simple tradition. Ce jour-là, les fonds publics ont constitué une sorte de monnaie, passant des mains des détenteurs désireux de les transformer en monnaie proprement dite à celles des acheteurs nouveaux qui voulaient, au contraire, convertir leur numéraire ne rapportant pas intérêt en titres leur procurant un revenu.

Dans la mesure où les fonds d'État constituaient une créance certaine, ils étaient comparables à la monnaie. Les coupons payables à échéance fixe ne sont pas autre chose qu'une promesse de remettre au porteur des espèces pour le montant indiqué. Il en est de même pour le capital du titre, si l'État s'est engagé à le rembourser. Coupon et titre sont donc des bons de monnaie différés. Ils impliquent un risque, celui de l'insolvabilité du débiteur.

Les États émettent souvent des rentes dites perpétuelles, c'est-à-dire en vertu desquelles ils s'engagent uniquement à servir l'intérêt promis aux rentiers, sans fixer aucun terme pour le remboursement, qui peut être indéfiniment retardé. Dès lors les possesseurs de ces titres n'ont pas le droit de réclamer à leur débiteur le remboursement du capital prêté ; ils ne peuvent exiger que l'intérêt annuel : ce n'est qu'en vendant leur titre qu'ils retrouveront leur capital.

Cote des fonds d'État. ⌀ Ici se pose la question du cours de ces titres. Quelle en est la valeur? En principe, il semble qu'il doive y avoir identité entre la somme reçue par l'État au moment de l'émission et celle dont le souscripteur devient créancier.

· Le Trésor français remet un titre de 100 francs de capital rapportant un intérêt annuel de 5 francs. Pourquoi la valeur marchande de ce titre s'écarterait-elle de 100 francs, c'est-à-dire du cours qu'on appelle le pair précisément parce qu'il représente la somme due au porteur en cas de remboursement? Au premier abord, il ne semble pas qu'il puisse en être autrement. Cependant, si l'on réfléchit que la date du remboursement par l'État peut être éloignée ou même, en cas de rente perpétuelle, indéterminée, on conçoit que la valeur du titre puisse tomber au-dessous du pair. Supposons un détenteur désireux d'aliéner sa rente ; il pourra ne trouver acquéreur que s'il consent à la céder à un cours inférieur à sa valeur nominale, par exemple à 95, à 90 p. 100. Inversement, si des demandes nombreuses se produisent sur le marché le cours pourra s'élever au-dessus du pair et des acheteurs se trouver qui paient 105, 110 p. 100 ou davantage. Dans les deux hypothèses que nous venons d'envisager, il est évident que la date de remboursement doit être éloignée, car si elle était imminente le vendeur ne consentirait pas à céder à 90 par exemple un titre destiné à être prochainement remboursé à 100, pas plus que l'acheteur ne paierait 110 un titre appelé à ne lui donner que 100 francs dans quelques semaines ou quelque mois.

Causes des fluctuations des fonds publics. ⟶ Un très grand nombre de causes agissent sur le cours des fonds publics, qui jouent un rôle de plus en plus considérable dans la vie financière des nations modernes. Leurs dépenses, même en temps de paix, ont une tendance constante à augmenter : bien rares sont les budgets qui, d'une année à l'autre, ne présentent pas un total supérieur à celui de l'exercice précédent. Dans beaucoup de cas, les recettes normales provenant des impôts et du patrimoine propre de l'État ne suffisent pas à équilibrer les comptes. L'État emprunte alors. Il croit pouvoir légitimement le faire en temps normal lorsqu'il entreprend des travaux dont le bénéfice s'étendra à de nombreuses générations. En temps de guerre, il n'y a plus de proportion entre les besoins des trésors publics et leurs ressources régulières : c'est l'emprunt qui les alimente.

On calcule que la guerre qui a sévi de 1914 à 1918 a coûté plus de mille milliards de francs. Le chiffre des dettes qu'elle a fait naître n'est pas inférieur, parce que si certains belligérants ont couvert immédiatement par l'impôt une partie de leurs dépenses, d'autres ont eu recours au crédit non seulement pour faire face à leurs débours mais aussi pour la reconstitution de leur outillage. Cette constatation suffit à expliquer les taux élevés que les États emprunteurs ont dû et doivent encore consentir aux souscripteurs de leurs fonds, en même temps que la baisse qui a frappé leurs emprunts émis avant la guerre.

C'est surtout au cours de périodes semblables que les ministres des Finances sont amenés à conclure des opérations qui semblent peu compréhensibles au premier abord et qui consistent à émettre des rentes au-dessous du pair. Nous avons expliqué tout à l'heure les circonstances qui pourraient déterminer la baisse d'un fonds au-dessous du cours auquel il a été émis. Mais, à première vue, on ne saisit pas les motifs qui peuvent déterminer un État à céder une créance de 100 francs sur lui-même, à 90 francs par exemple. Le procédé naturel consiste, pour l'emprunteur, à accorder à ses prêteurs le taux d'intérêt commandé par les circonstances, mais en obtenant d'eux le versement intégral de la somme dont il se reconnaît débiteur. Cette marche semble d'autant plus logique que si, sous la pression des événements, l'État est obligé de consentir temporairement un taux d'intérêt élevé, il aura la ressource, quand l'horizon se sera éclairci, d'offrir à ses créanciers le choix entre le remboursement du capital ou l'abaissement du taux de l'intérêt. Néanmoins, on voit fréquemment des émissions de rentes se faire à des cours éloignés du pair. C'est ainsi que l'emprunt français 4 p. 100 de 1918 a été émis à 71 p. 100, c'est-à-dire que chaque souscripteur, moyennant un versement de 71 francs, est devenu créancier d'une rente annuelle de 4 francs et d'un capital nominal de 100 francs.

Comme c'est une rente perpétuelle, aucune date n'est fixée pour le remboursement ; mais, le jour où l'État français voudra y procéder, il ne pourra le faire qu'à ce prix, ce qui constituera pour le souscripteur un bénéfice de 29 francs, différence entre 71 et 100. Ce bénéfice est incertain, puisque l'État n'est pas obligé de rembourser : mais il n'est pas invraisemblable puisque, il y a vingt ans, la France empruntait à 3 p. 100. Le jour où elle pourrait le faire de nouveau, elle procéderait à l'amortissement de la rente 4 p. 100. Grâce à cette circonstance, le ministre a pu obtenir des capitaux à meilleur marché que s'il avait émis un emprunt au pair. Il eût fallu sans doute créer une rente 6 p. 100, tandis que le 4 p. 100 émis à 71 ne coûte que 5,63 p. 100. La charge annuelle des intérêts est donc moins lourde.

Nous n'entrerons pas dans la discussion du point très délicat de savoir si, dans tous les cas, il ne vaut pas mieux s'en tenir au grand principe de l'émission au pair, ou aux environs immédiats du pair, de façon à ne pas augmenter démesurément le capital de la dette publique et à ne pas rendre très difficiles les conversions futures, c'est-à-dire les abaissements du taux de l'intérêt. Nous avons seulement voulu faire comprendre au lecteur les motifs qui peuvent déterminer des opérations de ce genre.

Les avantages du second mode de procéder ont été reconnus par le Gouvernement français, qui, au mois de juillet 1920, s'est fait autoriser par le Parlement à créer des rentes 6 p. 100. Celles-ci ont été émises au pair, de sorte que l'amortissement ultérieur n'en sera pas onéreux pour le Trésor.

Autres valeurs mobilières : obligations. ⌣ Les fonds d'État ne sont pas les seules valeurs mobilières qui circulent de nos jours. A côté d'eux existent d'innombrables obligations de corporations publiques et de sociétés privées qui sont représentées en général par des titres au porteur, rapportant un intérêt fixe et remboursable à des époques déterminées. Contrairement à ce qui se passe pour les États, qui, se croyant immortels, n'hésitent pas à contracter des dettes perpétuelles, les autres emprunteurs n'émettent guère de titres sans assigner un terme à leur durée, sans s'engager à les amortir dans une certaine période. Même des municipalités, des provinces, des départements, adoptent cette modalité, à plus forte raison les sociétés particulières.

Actions. — A côté des obligations, il s'est créé des actions, c'est-à-dire des parts d'intérêt dans des entreprises. De même que des hommes se réunissent et mettent leurs forces en commun pour exécuter un travail, pour fonder une industrie, de même on peut concevoir que, au lieu d'associer leurs personnes, ils groupent leurs capitaux, en concluant des accords pour confier la direction de l'affaire à des administrateurs choisis par eux. Les sommes ainsi apportées à l'œuvre commune forment ce qu'on appelle le capital social, lequel, pour la commodité des comptes et des répartitions entre les associés, se divise en coupures identiques qui s'appellent actions, chacune d'elles correspondant à la somme versée par le participant, qui prend le nom d'actionnaire. On formera, par exemple, un capital de 100 millions de francs, divisé en 100 000 actions de 1 000 francs : chacune d'elles a les mêmes droits que les 99 999 autres, c'est-à-dire à un cent-millième de l'actif.

Au début de l'entreprise, cet actif est constitué soit par l'argent que versent les associés, soit par des biens mobiliers ou immobiliers qu'ils apportent dans la propriété sociale. Ces biens sont payés au moyen d'actions dites d'apport pour le montant de la somme à laquelle ils ont été évalués. Voici, par exemple, une usine attribuée à la société et que des experts déclarent va'oir 10 millions de francs. Si la société est constituée au capital de 20 millions divisés en 40 000 actions de 500 francs, on donnera au propriétaire de l'usine 20 000 actions, les 20 000 autres étant souscrites en espèces.

Tous les ans, les comptes sont arrêtés ; un bilan est établi, qui fait ressortir les résultats de l'activité sociale. S'il y a des bénéfices, ceux-ci sont répartis entre les actionnaires au prorata du nombre d'actions qu'ils possèdent : chaque action reçoit sa part proportionnelle du dividende total déclaré.

Comme pour les fonds d'État et les obligations, il existe un « pair » des actions, ce pair étant déterminé par la somme versée à l'origine ou par la valeur assignée aux biens apportés en nature. Mais, ici comme dans l'autre cas, les cours sont susceptibles de s'éloigner du pair : les écarts possibles sont infiniment plus considérables en matière d'actions que lorsqu'il s'agit de créances. Le prix de celles-ci n'est jamais susceptible de s'élever à des hauteurs indéfinies, puisque leur revenu est fixe et leur capital limité. Au contraire, une entreprise peut voir ses bénéfices augmenter dans des proportions croissantes, et le cours de ses actions progresser parallèlement. Les actions de la Compagnie du Canal de Suez, qui sont au capital de 500 francs, se sont échangées en 1925 à 26 000 francs ; la cote de l'action dédoublée a en effet dépassé 13 000 ; celles de la Banque de France, au capital de 1 000 francs, à 13 600. Les fluctuations sont souvent considérables.

Cette forme de société consistant à créer un être de raison qui possède et gère une entreprise peut s'appliquer à toute espèce d'affaires. Elle est devenue de plus en plus usuelle dans le monde moderne : c'est ainsi qu'on a vu se transformer en valeurs mobilières une foule d'industries, de commerces, même de propriétés foncières. Les titres qui les incarnent représentent une partie notable de la fortune d'un pays. Mais il faut bien prendre garde que ces titres ne sont rien par eux-mêmes, et que c'est dans les propriétés dont ils sont l'expression qu'il faut chercher le fondement de leur valeur.

Constitution des fortunes françaises. ⌒ Quoi qu'il en soit, ces titres sont répandus de plus en plus dans les patrimoines privés, et il est, à l'heure actuelle, un très grand nombre de familles, en dehors de celles qui se partagent la propriété du sol national, dont le patrimoine est en majeure partie composé de valeurs mobilières. Si l'on envisage, par exemple, en France, la constitution des fortunes, on doit se rappeler tout d'abord la répartition de la population, paysans, ouvriers, bourgeois. Les premiers ont la majeure partie de leur avoir représenté par des terres ; parmi eux, se trouvent de nombreux fermiers ou métayers qui, sans posséder le sol, détiennent en tout ou en partie le cheptel, les instruments aratoires, en un mot le capital nécessaire à la culture. Beaucoup d'entre eux se sont enrichis au cours de la guerre et ont employé leurs gains à acquérir la propriété des terres qu'ils cultivaient pour compte d'autrui. Les ouvriers dépensent en majorité le salaire qu'ils gagnent ; les plus économes font des placements mobiliers, effectuent des versements aux caisses d'épargne. Depuis la guerre, un certain nombre d'entre eux ont acheté des lopins de terre. Enfin les bourgeois ont les deux genres de propriétés. Ceux qui sont le plus à leur aise sont propriétaires de maisons de rapport ; en province, ils habitent souvent leur propre immeuble, ce qui est plus rare à Paris. A cette propriété immobilière ils joignent celle des valeurs mobilières, dont l'importance est, en mainte circonstance, considérable par rapport à la richesse foncière des mêmes individus.

Cet examen de la situation, telle qu'elle existe en France, nous amène à rechercher si elle est conforme à l'intérêt bien entendu des citoyens et si les courants auxquels ils obéissent dans la recherche des placements sont de nature à les conduire aux solutions les meilleures.

Des différentes espèces de placements immobiliers. ⌒ La fortune immobilière constitue la forme la plus ancienne de la propriété. Si cette propriété a pu revêtir dans les sociétés primitives une forme communiste, le progrès a consisté à l'individualiser. C'est d'autant plus naturel que la plus grande partie de la valeur du sol vient du travail humain qui s'y incorpore, non pas seulement du chef des constructions édifiées ou des installations industrielles, mais aussi par le défrichage, le labourage, les plantations, les engrais et les semences confiés à la terre. La fortune terrienne est donc légitime ; elle est, en outre, conforme à l'intérêt général, parce que la culture produit la nourriture non seulement du propriétaire, mais d'un grand nombre d'autres humains, à qui il vend l'excédent de ses récoltes sur sa propre consommation, pendant que les exploitations industrielles travaillent, elles aussi, à la satisfaction de besoins généraux. L'expérience de longues générations nous a appris que les champs sont d'autant mieux cultivés qu'ils sont aux mains de familles plus stables. A un autre point de vue, celui de la préservation de la race, il est nécessaire de maintenir à la campagne des populations agricoles, menant la vie au grand air, restant en contact direct avec la nature, éloignées de l'existence malsaine et factice des grandes agglomérations. Tout ce qui tend, par conséquent, à amener des capitaux à la campagne et à y faire dépenser des revenus, agit dans un sens favorable à l'intérêt national. La tendance qu'ont les industriels et les commerçants à consacrer une partie de leurs gains capitalisés à l'achat de domaines ruraux est donc excellente.

D'autre part, les habitants des campagnes eux-mêmes ont le goût de la terre à un haut degré. Beaucoup de fermiers, au cours de la guerre, ont réalisé, grâce à la hausse des denrées, des bénéfices importants. Ils en ont consacré une bonne partie à l'achat des terres dont ils n'étaient que locataires, ou d'autres domaines. En même temps, de nombreux propriétaires, qui avaient contracté des emprunts hypothécaires, ont pu les rembourser : c'est à plusieurs milliards de francs que s'élèvent les sommes consacrées à cette bienfaisante libération du sol.

Valeurs mobilières. ⌁ Les valeurs mobilières constituent aujourd'hui un mode quasi universel de placement. Elles présentent tout d'abord l'avantage de convenir aux emplois de toutes sommes, depuis la plus modeste fraction jusqu'aux millions, depuis un quart d'obligation de la Ville de Paris de 100 francs, ou un bon de la Défense Nationale de 20 francs, jusqu'aux centaines d'actions valant chacune plusieurs milliers de francs, comme celles de la Banque de France, du Canal de Suez ou d'autres semblables. Au point de vue des individus qui les acquièrent, ces titres présentent un second attrait, c'est celui de la facilité de négociations. Grâce à l'existence des bourses, c'est-à-dire de ces grands marchés où s'échangent quotidiennement les rentes, les actions et les obligations, les porteurs de valeurs mobilières peuvent à tout instant les transformer en monnaie. Cette facilité de négociation profite aussi à l'État pour l'émission de ses emprunts, car les souscripteurs afflueront d'autant plus volontiers qu'ils seront assurés de pouvoir, en cas de besoin, vendre leurs titres.

Les placements en actions ou obligations de sociétés particulières répondent à un besoin incessant des communautés modernes, celui de réunir les capitaux nécessaires aux entreprises de toute nature qui couvrent le globe de manufactures, d'usines, qui organisent les transports par terre, par eau, à travers les airs.

Tous ceux qui souscrivent une fraction du capital de ces sociétés rendent donc un service au public en général, puisqu'ils contribuent, pour leur part, à l'organisation de ce réseau créateur d'activité et de richesse qui s'étend peu à peu sur le globe et dont la destruction partielle au cours de la guerre se fait sentir si cruellement.

CHAPITRE V

COMMENT PLACER SA FORTUNE

PLACEMENTS MODERNES. || CHOIX DES PAYS.
RISQUES DES PLACEMENTS EN VALEURS MOBILIÈRES.
RISQUES DES PLACEMENTS EXTÉRIEURS.
POURQUOI IL CONVIENT DE PLACER EN FRANCE
LES CAPITAUX DISPONIBLES. || ACQUISITIONS DE VALEURS
ÉTRANGÈRES. || TAXES. || PLACEMENTS IMMOBILIERS.

PLACEMENTS modernes. ∽ L'existence de valeurs mobilières, dont la valeur dans le monde, dépasse de beaucoup, à l'heure présente, mille milliards de francs, soulève, dans les sociétés modernes, des problèmes que nos pères n'ont guère connus. Jadis, la stabilité des patrimoines était beaucoup plus grande que de nos jours ; les enfants se préoccupaient de conserver plutôt que d'acquérir ; les fortunes étaient en quelque sorte cristallisées sous des formes qui changeaient peu. La majeure partie des propriétés familiales consistaient en biens-fonds, qui se transmettaient de génération en génération. Dans certaines législations, l'absence de partage forcé permettait de laisser entre les mains de l'aîné des enfants le patrimoine immobilier qui constituait la partie essentielle de la fortune.

Aujourd'hui, beaucoup des biens de ce monde sont représentés par des morceaux de papier, dont chacun incarne une créance sur un État, sur une société, sur un particulier, ou bien une fraction de propriété, d'une entreprise foncière, commerciale, agricole, industrielle.

L'une des conséquences les plus frappantes de ce nouvel ordre de choses est d'ouvrir l'accès de certaines propriétés à une masse de citoyens à qui l'exiguïté de leurs ressources eût, dans les siècles passés, interdit toute ambition de ce genre. Quelques centaines de francs suffisent à un modeste épargnant pour s'intéresser à une banque, à une compagnie de chemins de fer, à une usine, à une entreprise de n'importe quel ordre, de n'importe quelle grandeur.

Une somme minime lui permet d'acquérir un titre de rente qui le rend créancié ʹ᷉u État. Autrefois, de pareilles opérations étaient ι.᷉, .nage de puissantes maisons de banque, qui avaient le monopole de ces tractations. Le développement des marchés sur lesquels ces titres s'échangent, et qu'on désigne du nom de bourses, met tous les jours à la disposition des acquéreurs une quantité pour ainsi dire illimitée de titres, parmi lesquels ils choisiront ceux qui leur conviennent.

Risques des placements en valeurs mobilières. ⌒ Il ne faut pas croire cependant que cette facilité d'opérer des achats de cette nature dispense ensuite l'acquéreur de la surveillance de ses capitaux. Les placements mobiliers, même les mieux raisonnés, ne permettent pas à ceux qui les ont effectués de ne pas suivre attentivement les destinées des entreprises ou des États auxquels ils ont confié leur argent.

Il est des valeurs que l'on appelait jadis de tout repos et qui ont causé de graves mécomptes à leurs propriétaires. Telles sont les actions de nos grandes compagnies de chemins de fer, dont quelques-unes sont cotées aujourd'hui à moins de la moitié du cours qu'elles avaient atteint il y a une trentaine d'années. Les conditions d'exploitation ont été bouleversées, notamment par la hausse du charbon et des salaires, de telle sorte qu'il est bien difficile, au moins pour les compagnies qui ne jouissent plus de la garantie d'intérêt de l'État, de prédire ce que seront les dividendes d'ici à la fin des concessions et dans quelles conditions se fera, à cette époque, la liquidation de l'actif social. Les destinées des affaires sont changeantes. Rares sont celles qui ne sont pas exposées, au cours de leur existence, à subir des crises tout au moins passagères. C'est un travail que de gérer un portefeuille, d'opérer en temps voulu des arbitrages, c'est-à-dire des échanges de valeurs, réalisant celles qui ne présentent plus de marge de bénéfices, recherchant au contraire celles qui, n'ayant pas encore atteint leur plein développement, réservent à ceux qui les auront acquises en temps utile de sérieuses plus-values.

Chacun peut aujourd'hui, grâce à l'infinie variété des valeurs mobilières, faire toutes sortes de placements, même immobiliers. Néanmoins, la plupart des immeubles, bâtis ou non bâtis, sont encore la propriété de particuliers ; un très grand nombre d'entreprises commerciales et industrielles sont gérées par des individus ou des sociétés en nom collectif, qui sont en général le groupement d'un nombre restreint d'associés ou de parents. Mais ici il n'y a pas matière à étude spéciale. Les hommes qui se trouvent par voie d'héritage en possession de ces domaines n'ont pas à se poser la question de savoir comment placer, mais comment gérer leur fortune.

Discussion du placement des capitaux liquides. ∽ Nous envisageons le cas d'un capitaliste qui, disposant de ressources monnayées, de ce qu'on appelle vulgairement de l'argent liquide, cherche à en faire l'emploi le plus avantageux. Quels conseils lui donnerons-nous? Quelles règles devra-t-il adopter? Plusieurs questions préalables se posent devant lui. Va-t-il choisir des valeurs nationales ou des valeurs étrangères? Achètera-t-il des fonds d'État ou des titres de sociétés privées? Parmi ces derniers, donnera-t-il sa préférence aux actions ou aux obligations? Confiera-t-il toutes ses économies à un même débiteur, les mettra-t-il dans une seule entreprise, ou bien procédera-t-il à ce qu'on appelle la division des risques, en répartissant ses deniers sur un nombre plus ou moins grand de valeurs? Se tournera-t-il du côté des immeubles?

Essayons de résoudre ces divers points du problème. En ce qui concerne le premier, il convient de placer la majeure partie de ses capitaux dans son propre pays. Cette proportion sera plus ou moins forte selon les époques. Lorsque les temps sont prospères, que les taux d'intérêt sont bas, que l'État et les particuliers trouvent à bon marché les sommes dont ils ont besoin, le citoyen qui exporte une partie de ses capitaux non seulement ne fait pas œuvre nuisible à la communauté, mais il lui rend service en créant, pour l'avenir, des réserves au dehors. Aux époques difficiles, au contraire, il doit confier au Trésor et aux entreprises indigènes la totalité des ressources dont il dispose. D'ailleurs, les raisons économiques s'ajoutent le plus souvent, en pareil cas, aux raisons politiques, pour diriger le courant des placements dans le sens voulu : les taux d'intérêt montent à l'intérieur et procurent aux capitalistes un rendement égal ou supérieur à celui qu'auparavant ils ne pouvaient obtenir qu'à l'étranger. C'est pour eux un motif non seulement de n'acheter que des valeurs nationales, mais de réaliser celles qu'ils possèdent au dehors et de rapatrier ainsi les capitaux temporairement exportés. La question du lieu des placements est donc essentiellement subordonnée aux circonstances.

La solution à intervenir variera selon les époques et déterminera des achats ou des reventes dictés par les événements.

Choix des pays. ∽ Le choix des pays où l'on portera la partie de sa fortune que l'on a décidé de placer à l'étranger est délicat. Jusqu'en 1914, l'Europe était partagée en deux camps celui de la triple et celui de la double alliance : Allemagne, Autriche, Italie, d'un côté ; France et Russie de l'autre. Cette constellation politique avait déterminé un large courant d'exportation de nos capitaux vers la Russie et les avait empêchés de se déverser de l'autre côté. Une exception était faite cependant en faveur de l'Italie. Un instinct très sûr nous avertissait que cette puissance n'était entrée dans le sillage de Berlin et de Vienne que pour des buts défensifs ; et, comme nous savions que jamais nous ne serions les agresseurs, nous sentions que notre sœur latine ne pouvait pas être ailleurs qu'à nos côtés. Nous recherchions volontiers les placements en pays neutres, estimant qu'ils avaient des chances de ne pas être entraînés dans le conflit le jour où il éclaterait. En dehors de l'Europe, nos rentiers tournaient leurs regards vers les deux Amériques, qu'ils s'imaginaient à l'abri de tout conflit sérieux et chez lesquelles ils voyaient un développement économique des plus encourageants.

Aujourd'hui, la guerre a brisé les anciens cadres ; nous avons eu pour alliées, dans la grande guerre, une quinzaine de puissances.

Il faut espérer que l'union économique survivra à la fraternité des champs de bataille ; mais il est malaisé de démêler dès aujourd'hui les directions vers lesquelles s'orienteront, dans l'avenir, nos capitaux. A l'heure actuelle, ils sont nécessaires en France, et il est à supposer que ceux de l'étranger, des États-Unis par exemple, s'emploieront chez nous avant que nous recommencions à nous intéresser à leurs affaires.

Il faut ici insister sur notre position vis-à-vis des nombreux pays où nous avions, avant la guerre, investi des capitaux et acquis, de ce chef, une influence, en même temps que nous en retirions des revenus. Il convient à cet égard de faire une distinction entre les placements en fonds d'État et en valeurs industrielles. En ce qui concerne les premiers, il est évident que, pendant quelques années, la France n'aura pas de disponibilités suffisantes pour souscrire à de nouveaux emprunts. Mais, si les entreprises particulières dans lesquelles elle a pris des participations ont besoin d'aide, et que les nouveaux capitaux promettent d'être largement rémunérés, il est de l'intérêt national de ne pas abandonner la place à d'autres et de faire les plus grands efforts pour conserver et affermir notre situation.

Étude préalable. ▹ Les règles qui, plus tard, fixeront notre choix en matière de fonds étrangers doivent être sévèrement établies. Il convient d'étudier la situation budgétaire, le système des impôts, la fortune publique et privée, d'examiner comment se soldent les derniers exercices, quel est le montant de la dette, la place faite à l'amortissement, le volume du commerce extérieur, la balance des importations et des exportations, la cote des changes. La situation politique intérieure doit être envisagée.

Tous ces éléments entrent en ligne de compte pour la détermination du crédit d'un pays. Un point qu'il ne faut pas perdre de vue est celui de savoir si ce pays est lui-même acheteur de ses propres fonds ou si la totalité de ceux-ci est placée à l'étranger. Cette dernière situation n'est pas un indice favorable ; elle provient de ce que les nationaux n'ont pas de disponibilités ou n'ont pas confiance dans leur propre gouvernement. Elle a, en outre, le grave inconvénient de ne pas permettre aux Français qui auraient acquis des titres n'ayant aucun marché dans leur pays d'origine de réaliser, le cas échéant, ces fonds en dehors de la France.

Risques des placements extérieurs. ▹ L'expérience de la dernière guerre doit être particulièrement méditée à ce point de vue. Dans nos placements à l'étranger faits depuis une quarantaine d'années, nous avions beaucoup trop négligé de nous assurer que les titres que nous achetions avaient un marché dans leur pays d'origine. Nous adoptions en quelque sorte, nous francisions la totalité d'une émission, qui, dès lors, se négociait exclusivement en France et ne pouvait trouver acquéreur en dehors de nos marchés. C'était bien encore une valeur étrangère, en ce sens que le débiteur était étranger ou que la propriété sociale existait hors de notre territoire. Mais le fait que tous les titres étaient possédés en France, excluait la possibilité de les réaliser, en cas de crise, sur des marchés extérieurs.

Rentes, obligations ou actions. ☞ Une fois opérée la répartition géographique des placements, il convient d'en déterminer la nature : rentes, obligations ou actions. Les États présentent une large surface financière, puisqu'ils ont toute la force économique des contribuables à leur disposition et peuvent, en théorie, lever tous les impôts nécessaires à l'exécution de leurs engagements. Mais ils ont aussi souvent des charges écrasantes, et ils préfèrent parfois renier, au moins en partie, leur signature plutôt que de demander des sacrifices excessifs aux contribuables. L'histoire financière nous offre de nombreux et tristes exemples de répudiation totale ou partielle de dettes. Comme il n'y a pas de tribunal devant lequel le débat puisse être porté, l'infortuné rentier en est réduit le plus souvent à subir le tort qui lui est fait par l'État souverain, juge et partie dans la cause. Il arrive bien que la diplomatie essaie d'intervenir en faveur de ses nationaux lésés et obtienne quelque arrangement un peu moins défavorable que celui dont ils étaient tout d'abord menacés ; mais il n'en est pas moins constant que les faillites des Trésors publics se sont répétées, et sous cette rubrique nous n'hésitons pas à ranger les impôts sur les coupons établis postérieurement à l'émission d'un emprunt : cette taxe mise après coup n'est pas autre chose qu'une réduction arbitraire de l'intérêt stipulé.

Faut-il donc préférer aux fonds d'État les obligations de départements, de municipalités ou autres institutions publiques? Ici, la fortune est moindre, mais les charges souvent moins lourdes, et les moyens d'action du créancier sont plus efficaces : on a vu les obligations de la Ville de Paris se placer à un prix plus élevé que les fonds publics proprement dits. Au cours de la Grande Guerre, plusieurs villes de France, Paris, Lyon, Bordeaux, Marseille, ont émis, sur le marché des États-Unis, des emprunts pour compte de l'État français. Inversement, dans beaucoup de pays, cette catégorie de titres est à un degré inférieur de la cote : c'est ainsi que les obligations des différents États qui forment la République du Brésil jouissent d'un crédit bien moindre que les rentes fédérales.

Quant aux obligations de sociétés privées, il en existe une très grande variété, et il n'est pas possible de les englober dans un jugement unique : il en est de médiocres, de bonnes, d'excellentes. Telle société prospère, disposant non seulement d'un capital liquide, mais de réserves puissantes, méritera un crédit de premier ordre ; c'est ainsi qu'à un moment donné les obligations de la Compagnie de Suez 3 p. 100 étaient cotées à 86 p. 100, alors que le 3 p. 100 français se négociait à 60. Mais, d'une façon générale, aux obligations des sociétés industrielles, les capitalistes préfèrent les actions, parce que les deux catégories de titres, quoique à un degré inégal, participent aux risques de l'entreprise, et que l'action peut voir son dividende augmenter, tandis que le revenu de l'obligation est limité au taux stipulé. Ce n'est qu'exceptionnellement et à la suite de transformations provoquées par la situation difficile de certaines sociétés qu'on en a vu accorder à leurs obligataires des avantages spéciaux qui faisaient d'eux, dans une certaine mesure, des co-intéressés de l'entreprise.

Pourquoi et comment il convient de placer en France les capitaux disponibles. ◦ Une fois ces divers points élucidés, comment convient-il de distribuer les sommes à placer ? A l'heure actuelle, il n'y a pas à hésiter à placer surtout en France ses fonds disponibles. Le capitaliste qui ne veut pas les immobiliser pour une longue période souscrira des bons du Trésor à trois mois, à six mois ou à un an qui lui rapportent 4, 4 1/2 ou 5 p. 100, et lui permettent de recouvrer à brève échéance la libre disposition de son argent. S'il n'a pas besoin de cette rentrée, il achètera de la rente française 4 p. 100, qui, au cours actuel (43 fr. en janvier 1926), lui donne près de 10 p. 100 de revenu et qui a devant elle une marge de hausse de 57 points. Elle ne peut d'ailleurs pas être remboursée avant 1945, en sorte que, pour un quart de siècle, le rentier est assuré de toucher ses coupons sans diminution.

Il pourra également acquérir des titres de l'emprunt 5 p. 100 de 1920, qui sont remboursables au cours d'une période de soixante ans, avec 50 p. 100 de prime. Le calcul des chances d'amortissement démontre que le revenu réel de ce fonds, côté au pair, est de 5,70 p. 100. Il va sans dire que, pour les porteurs qui seront favorisés par le sort, c'est-à-dire dont les titres seront remboursés dans les premières années, le rendement aura été énorme. L'obligation remboursée en 1921 aura rapporté 55 p. 100 ; celle qui l'aura été en 1922, 27 p. 100.

Beaucoup de sociétés industrielles françaises ont émis, depuis la guerre, des bons remboursables dans une période de dix à trente ans, qui rapportent 6 p. 100 d'intérêt net et qui constituent des placements intéressants, d'autant plus que le débiteur a souvent pris à sa charge les impôts présents et futurs sur les coupons des titres.

Nous citerons les obligations du Crédit Foncier de France. Les obligations de la Ville de Paris 1919, au taux de 5 p. 100, sont à 250 ; les obligations 3 p. 100 des grandes compagnies de chemins de fer sont aux environs de 40 p. 100, avec une marge de remboursement très intéressante.

En plaçant un cinquième de son argent en bons du Trésor à un an, un cinquième en rente 4 p. 100, un cinquième en obligations Ville de Paris, un cinquième en obligations d'une des grandes compagnies de chemins de fer ou du Crédit foncier de France, un cinquième en bons de certaines compagnies industrielles, on obtient un revenu d'environ 8 p. 100 et on s'assure un bénéfice important au jour du remboursement des obligations, tout en se ménageant celui de la hausse de la rente 4 p. 100.

Valeurs étrangères. ⌐ A d'autres époques, il y aurait lieu de signaler des valeurs étrangères. Il en subsiste du reste, pour des sommes élevées, dans les portefeuilles français. D'après le principe de la division des risques, beaucoup de nos compatriotes avaient égrené leurs placements sur un très grand nombre de pays. Ce n'est pas un mauvais système, à condition toutefois de choisir ceux qui méritent un bon crédit et d'éviter les autres. Les premiers fonds qu'il y aurait lieu d'acquérir sont les rentes belges qui rapportent 6 p. 100, les rentes roumaines et italiennes qui sont dans le même cas. Vis-à-vis de la Roumanie, nous avons l'avantage du change en notre faveur. Comme ce sont des nations de travailleurs, il y a beaucoup de chances pour que leur change s'améliore et que, de ce chef seul, les acheteurs de ces fonds aux cours actuels réalisent un bénéfice notable.

Inversement, les Français qui possèdent des valeurs des pays dont le change est actuellement coté avec une très forte prime feront bien de réaliser ces titres sur les marchés de Londres, de New-York, de Madrid, de Stockholm, d'Amsterdam, et de rapatrier les sommes produites par ces ventes. Dans beaucoup de cas, l'agio par rapport au franc de la livre sterling, du dollar, de la peseta, de la couronne, du florin qui varie entre 300 et 500 p. 100 constituera pour eux un bénéfice appréciable en comparaison de la somme qu'ils avaient jadis déboursée pour l'acquisition de ces valeurs. Si même les cours actuels, exprimés en monnaies étrangères, sont inférieurs à ceux qui étaient cotés avant 1914, le profit résultant du change compense souvent, et au delà, cette baisse. L'intérêt individuel est une fois de plus d'accord avec l'intérêt général pour conseiller aux détenteurs de fonds étrangers la réalisation qui ramènera en France des capitaux exportés à d'autres époques.

Historique. ∽ Nous retracerons brièvement l'histoire des placements en valeurs mobilières étrangères, qui ont commencé à prendre de l'importance en 1823, à partir de la célèbre ordonnance de M. de Villèle autorisant l'inscription des fonds d'États étrangers à la cote officielle de la Bourse de Paris ; on y voyait figurer, il y a un siècle, les rentes napolitaines, espagnoles, celles de certains États de la Confédération germanique. Sous le Second Empire apparaissent à leur tour les fonds italiens absorbés en quantités croissantes par les portefeuilles français, les fonds turcs, égyptiens. C'est sous la Troisième République que le mouvement prit l'allure la plus rapide. A peine les grands emprunts français de liquidation de la guerre de 1870 eurent-ils été souscrits avec un enthousiasme dont l'histoire a gardé le souvenir, que l'épargne, rapidement reconstituée, se porta vers des champs nouveaux : les rentes austro-hongroises, les fonds portugais, ceux des États qui se formaient dans l'Europe orientale, Serbie, Bulgarie, obtinrent l'accès du marché français. La Scandinavie, la Belgique, la Suisse, qui avaient un crédit assis, trouvèrent à Paris, grâce à l'abondance des ressources qui y étaient réunies, de l'argent à meilleur compte que sur aucune autre place du monde, y compris les places indigènes.

Ailleurs, des continents s'ouvraient à la vie économique moderne. Nos compatriotes souscrivirent un nombre considérable d'emprunts sud-américains. Le Japon et la Chine trouvèrent également du crédit à nos bourses. Puis vint l'engouûment de la France pour la Russie et l'absorption, par nos rentiers, de milliards de fonds moscovites. A l'exception de l'Allemagne, il n'est guère de puissance dont la signature ne soit alors venue se négocier sur les bords de la Seine. Là liste des fonds étrangers qui ont acquis droit de cité chez nous est une nomenclature géographique à peu près complète des cinq parties du monde.

Évolution des placements français à l'étranger. ↜ Il y aurait une étude très intéressante à faire sur la nature successive des placements que nous avons opérés en fonds étrangers. Selon que ceux qui les effectuaient obéissaient à des considérations purement économiques ou faisaient entrer dans leurs calculs certaines vues politiques, ils s'adressaient à deux catégories distinctes de valeurs. Dans le premier cas, ils recherchaient avant tout un rendement supérieur à celui que leur donnaient des valeurs françaises similaires. Dans le second, ils aspiraient à se donner une certitude de conservation de leur capital en s'adressant à des fonds de premier ordre, comparables à ceux de leur patrie, n'obtenant qu'un revenu égal, parfois même inférieur à celui des fonds français. A propos des opérations de cette dernière catégorie, on a adressé aux banques françaises le reproche d'avoir contribué à surélever le taux du crédit de certains États, chez qui l'épargne française croyait trouver le maximum de sécurité. Dès lors, pour mettre à la disposition de leur clientèle, par exemple des fonds scandinaves ou suisses, nos établissements de crédit souscrivaient ces rentes à un taux de capitalisation plus bas que celui que les nationaux de ces pays eux-mêmes accordaient à leur propre gouvernement. S'il est injuste de reprocher à nos établissements d'avoir offert à leur clientèle des rentes étrangères qu'elle leur demandait, on doit en effet critiquer le cours trop élevé auquel, dans certains cas, ils les lui ont fait acheter.

Notre intervention ne s'est pas bornée là. Nous avons confié nos capitaux à des provinces, des municipalités, non sans quelque imprudence : le crédit de ces emprunteurs était souvent très inférieur à celui de l'État central. c'est ainsi que les provinces brésiliennes et argentines ont infligé des pertes cruelles à notre public, alors que les rentes fédérales de ces deux grandes Républiques ont, en somme, constitué des placements acceptables. Si le service des intérêts en espèces a été temporairement suspendu, les coupons en souffrance ont été remplacés par un titre consolidé (*funding* en anglais), et le service des intérêts des anciennes et des nouvelles obligations a été intégralement repris au bout d'une période relativement courte.

Ravages causés par la guerre dans le portefeuille français de fonds étrangers. ⟶ D'une façon générale, les placements en fonds d'État étrangers proprement dits n'avaient pas, jusqu'à la guerre de 1914, donné de trop graves mécomptes. Mais le formidable orage qui a éclaté à cette date s'est fait sentir tout d'abord dans ce compartiment et a provoqué une baisse considérable des rentes des belligérants et des neutres. Ce qui fut encore plus grave, pour les porteurs, que la chute des cours, ce fut la suspension du paiement des intérêts. En ce qui concerne les fonds austro-hongrois, bulgares et turcs, sans parler des allemands, aucun versement ne pouvait être opéré entre les mains de créanciers français. La révolution russe de 1917 eut pour eux la conséquence désastreuse que le service des emprunts a été suspendu. Les coupons de 1918 ont été admis par le gouvernement français comme monnaie de souscription à l'emprunt de 1918. Mais, depuis lors, la révolution qui s'est poursuivie dans ce qui fut le grand empire moscovite a privé les Français de tout revenu de ce chef. Comme les fonds russes étaient le bloc le plus considérable de nos placements extérieurs, le déficit ainsi créé nous est particulièrement sensible.

Acquisitions françaises d'actions étrangères. ⟶ En dehors des fonds d'État, de provinces, de municipalités, nous avons acquis un très grand nombre de titres de sociétés étrangères de toute nature, industrielles, agricoles, foncières, bancaires, commerciales. L'idée dominante de ces placements était bonne. Il est plus intéressant pour nous d'intervenir dans les entreprises que de nous borner à confier notre argent à des Trésors publics, sur lesquels nous n'exerçons aucune action et contre lesquels nous n'avons guère de recours en cas de difficultés. Cette intervention s'était exercée, vers le milieu du XIXe siècle, de la façon la plus heureuse dans un domaine où nous excellions alors, celui des chemins de fer. En Russie, en Autriche, en Italie, en Portugal, en Espagne et ailleurs, nos ingénieurs avaient construit et nos administrateurs avaient exploité des réseaux importants, dont les titres avaient été souscrits en France. C'était là le placement type ; nous ne nous contentions pas de mettre notre argent dans une société déterminée ; nous entendions y être représentés par des mandataires de notre choix. Par la suite, notre public a eu tendance à se lancer dans des affaires étrangères, sans prendre toujours le soin d'y installer des administrateurs de son choix. Et c'est peut-être la seconde critique qu'on pourrait adresser au système suivi pendant quelque temps par la finance française, et qui était l'inverse de celui que pratiquaient les Allemands.

Système allemand. ⌒ Ceux-ci, avec un art perfide, commençaient par mettre quelques capitaux dans les entreprises qu'ils guettaient en dehors de leurs frontières ; ils se hâtaient d'en envahir l'administration et la direction ; ils imposaient leurs gérants, leurs directeurs, leurs fondés de pouvoir, à tous les degrés de la hiérarchie : une fois maîtres de la place, ils écoulaient subrepticement les actions qui leur avaient servi à mettre la main sur l'affaire et y restaient avec un minimum de risques et tous les avantages qu'ils avaient eu l'habileté de faire attribuer à leurs représentants.

Lois fiscales. — Une étude sur les placements serait incomplète si elle n'abordait pas la question des lois fiscales et des préoccupations qui assaillent, de ce chef, les capitalistes. Effectuer des placements n'implique pas nécessairement l'opération directe faite sur une place étrangère par le capitaliste français, qui, dans la plupart des cas, n'a pas de banquier correspondant et fait exécuter ses ordres par l'intermédiaire de son banquier français s'il a obtenu l'autorisation nécessaire. Mais il arrive aussi que ce capitaliste se fasse ouvrir directement un compte sur la place où il veut opérer et y laisse en dépôt les titres qu'il a achetés. Les coupons de ces titres sont portés à son crédit à l'échéance ; il en dispose à son gré, sous réserve du paiement de l'impôt de 25 p. 100 qu'il doit au fisc français. Mais qu'il prenne garde à ce qui l'attend en matière d'impôt sur le revenu et surtout sur les héritages ! En Angleterre notamment, toute succession ouverte sur territoire britannique donne lieu à la perception des droits, qui viennent s'ajouter à ceux que réclame le fisc français. La déclaration de ces avoirs à l'étranger est d'ailleurs obligatoire, depuis janvier 1926, pour les contribuables français.

Il est donc dangereux de laisser à l'étranger sous son dossier des valeurs : on s'expose ainsi à payer deux fois l'impôt. S'il s'agit de pays dont l'orientation politique est incertaine, le péril est tout autre et plus grave encore. Une guerre ou une révolution survenant empêchent alors les propriétaires de disposer de ce qui leur appartient. D'autre part, ils sont exposés à payer non seulement les taxes qui frappent le revenu de ces titres, et auxquelles ils n'échapperont pas en conservant les titres par devers eux, mais encore les impôts personnels qui pourraient être institués dans le pays. C'est ainsi que des projets d'impôts ont été discutés en Italie qui atteindraient même les étrangers, à raison des propriétés mobilières qu'ils auraient dans le royaume.

D'une façon générale, l'aggravation énorme des impôts qui s'est produite à la suite de la Grande Guerre, dans la plupart des pays du monde, nous conseille de borner actuellement nos placements aux valeurs françaises. Nous avons en effet à payer à notre fisc, outre les impôts spéciaux qui frappent les titres, l'impôt complémentaire global sur tous nos revenus, quelle qu'en soit la source. Si nous avons à payer un impôt similaire à un gouvernement étranger, on voit quelle amputation subit le revenu qui passe par ces épreuves successives.

Incorporation des impôts aux titres. ⌒ Une autre observation doit trouver ici sa place. Une fois que les impôts sur les coupons ont été établis, ils s'incarnent en quelque sorte au titre. Le revenu nominal subsiste, mais chacun, pour en calculer l'importance, le diminue au préalable des taxes qui le frappent. Considérons, par exemple, les consolidés anglais 2 1/2 p. 100 : ils supportent l'*income tax* au taux actuel de 20 p. 100, c'est-à-dire qu'en réalité le porteur touche 2. Les obligations de chemins de fer français au porteur 3 p. 100 donnent en moyenne 1,80 p. 100, après déduction de la taxe sur le revenu de 18 p. 100 et du droit de transmission de 1 fr. 26 par 100 francs calculé sur le cours de la Bourse ; nous ne parlons pas du droit de timbre de 12 centimes par 100 francs de capital nominal, que la société débitrice prend généralement à sa charge.

L'acheteur de consolidés anglais 2 1/2 établira le prix qu'il est disposé à payer d'après 2, l'acquéreur d'obligations 3 p. 100 de chemins de fer français d'après un revenu de 1,80. L'un et l'autre courent d'ailleurs, en faisant leur opération, le risque de voir ces impôts s'aggraver ou — circonstance invraisemblable — s'atténuer dans l'avenir.

Cette incertitude est un ennui pour les capitalistes. Aussi, les emprunteurs ont-ils dû parfois chercher à supprimer cet obstacle au placement de leurs titres en garantissant ceux-ci contre tous impôts. C'est ainsi que la Grande-Bretagne, en 1917, a émis un 4 p. 100 net d'impôts qu'elle a placé au pair, à la même heure où elle mettait en souscription, au prix de 95 francs, une rente 5 p. 100

soumise à l'impôt. Une pareille stipulation est particu-lièrement intéressante pour le contribuable anglais, parce que l'impôt sur le revenu qu'il paie est cédulaire et non global, et que, par conséquent, l'exemption de l'impôt est définitive.

Il n'est plus alors soumis qu'à la *supertax*, qui a quelque analogie avec notre impôt global sur le revenu, mais qui ne frappe que les gros revenus.

Taxes réelles et taxes personnelles. ⌒ Quoi qu'il en soit, cette question des impôts prend une importance de plus en plus grande dans la vie financière moderne. En ma-tière de titres mobiliers, il faut prendre en considération les taxes réelles qui frappent directement le coupon et qui sont généralement prélevées par voie de retenue, et les taxes personnelles. Dans certains pays, la loi, afin de favoriser le placement des fonds d'État, a fait à leurs possesseurs une situation privilégiée, en les dispensant de payer l'impôt sur le revenu du chef de toutes sommes encaissées par eux sur ces titres. C'est ce qui a été décrété aux États-Unis.

Les menaces fiscales qui se dressent dans tous les pays du monde sont une raison de plus pour les Français de conserver leurs capitaux dans leur pays, où, malgré tout, le sentiment de la propriété est plus solidement ancré que partout ailleurs. Certes, nos impôts ont subi de lourdes ag-gravations. L'ensemble des taxes frappant les valeurs mo-bilières a été presque doublé par la loi du 25 juin 1920 et aug-menté encore depuis lors. Mais, si la matière imposable est assez abondante pour alimenter largement le budget, on peut espérer que les taux actuels de l'impôt ne seront plus dépassés. Lorsque cette conviction aura pénétré l'esprit public, un grand essor se produira ; le cours de nos fonds publics s'en ressentira, des conversions de rentes, c'est-à-dire des économies sur le service de la dette, deviendront possibles, et ceux qui auront eu confiance dans l'avenir de leur patrie seront récompensés.

Placements immobiliers. ⟶ Nous avons rejeté à la fin de notre examen celui des placements immobiliers, pour deux raisons : la première, c'est que de nos jours ils se font souvent par l'intermédiaire de valeurs mobilières, telles qu'actions ou obligations de sociétés foncières, de banques hypothécaires, et se trouvent, dès lors, soumis aux règles, et donnent lieu aux observations exposées précédemment ; la seconde, c'est que, lorsqu'il s'agit d'achats directs d'immeubles, les sommes à engager dans chaque opération sont, en général, très supérieure à celles qui suffisent pour l'acquisition d'un titre de rente, d'une action ou d'une obligation.

Cet ordre de placement intéresse donc un public beaucoup plus restreint que l'autre. En outre, il donne lieu à des mutations beaucoup moins fréquentes. Même de nos jours, où la conservation de la maison ancestrale, du champ paternel, est moins dans les mœurs qu'autrefois, on voit les immeubles se perpétuer dans les familles, en dépit du Code civil, qui impose le partage égal et qui oblige souvent à des réalisations après la mort du père. Nous n'avons pas à nous occuper ici de cette propriété acquise par héritage, nous n'envisageons que l'opération par laquelle un particulier achète un immeuble dans le but d'en tirer un revenu, ou ce qui revient au même sous une autre forme, une plus-value en capital.

Fonds ruraux. ⟶ A cet égard, une première distinction est à faire entre les fonds ruraux et les immeubles urbains. Pour les premiers, c'est le sol qui joue le principal rôle : les bâtiments d'habitation, les fermes, étables, écuries, granges, sont indispensables à l'exploitation agricole, mais ne représentent que l'élément en quelque sorte accessoire de l'ensemble du domaine. La valeur de celui-ci dépend essentiellement de celle des produits qu'il fournit, bois, céréales, herbes, plantes de toute nature, et des animaux qui s'élèvent sur lui. La guerre ayant provoqué une hausse générale des produits agricoles, a eu pour conséquence de faire monter le prix des terres. Ce n'est pas exagérer que d'estimer en moyenne que celui-ci a doublé et, dans bien des cas, triplé depuis 1914. Le phénomène a eu des conséquences remarquables à divers points de vue. Il a permis d'abord à beaucoup de propriétaires qui avaient contracté des emprunts hypothécaires de rembourser leur dette. Il a ensuite procuré aux fermiers des bénéfices tels qu'un très grand nombre d'entre eux ont acheté les terres dont ils étaient locataires et se sont substitués aux anciens propriétaires. Ces achats ont constitué pour eux le placement des bénéfices réalisés sur la vente de leur blé et autres récoltes, à des prix parfois quadruples de ceux d'avant-guerre, alors que souvent de longs baux couraient encore sur l'ancien pied et ne les obligeaient qu'au paiement d'un fermage devenu infime par rapport au bénéfice réalisé. Leur grand désir de devenir les maîtres du sol leur a parfois fait payer des prix très élevés : au point de vue social, les opérations de ce genre doivent être envisagés d'un œil favorable ; elles attachent définitivement à la terre ceux qui la cultivent, qui ont désormais un intérêt permanent à en retirer tout ce qu'elle est susceptible de donner et qui n'épargneront aucun effort ni aucune dépense dans un fonds qui restera le leur à jamais.

Comme il est actuellement très difficile de trouver de bons fermiers ou de bons métayers, les achats de biens ruraux par des capitalistes n'exploitant pas eux-mêmes, mais donnant leurs champs à bail, deviennent plus rares, et c'est du côté des immeubles urbains que nous voyons s'effectuer des placements. Ceux-ci sont de deux espèces : ou bien on achète ce qu'on appelle une maison de rapport, c'est-à-dire destinée à être baillée à un ou plusieurs locataires payant une rente annuelle qui représente un intérêt plus ou moins élevé par rapport au prix d'acquisition, ou bien l'opération porte sur des terrains nus, situés dans le périmètre d'une ville ou à ses abords. Dans ce cas, le but n'est pas de retirer un revenu immédiat, puisque la location d'un pareil terrain ne produit en général qu'une somme infime, sans aucun rapport avec le prix d'achat ; mais d'attendre une plus-value que le développement ultérieur de l'agglomération urbaine rend vraisemblable.

Plus-value des terrains. ⌒ Lorsque cette plus-value se produit au bout d'un temps plus ou moins long, elle représente parfois un accroissement de capital qui compense largement la perte d'intérêts subie dans l'intervalle. Les exemples de cette sorte de placements immobiliers ne sont pas rares dans les capitales modernes. Ils ont inspiré une législation qui se retrouve chez un certain nombre de nations et qui a donné naissance à l'impôt sur la plus-value immobilière, l'État ou la municipalité réclamant sa part dans une augmentation de valeur qui n'est pas due exclusivement au travail du propriétaire, mais qui, dans certains cas, provient en partie de travaux exécutés par l'autorité publique.

Il ne faut pas croire, d'ailleurs, que les placements en immeubles urbains soient toujours appelés à donner de brillants résultats, et notamment à assurer à ceux qui les effectuent un accroissement de fortune. Le phénomène contraire se rencontre : à Paris même, qui est cependant une des villes du monde où la population augmente le plus régulièrement et où, par conséquent, les besoins de logement sembleraient devoir déterminer une plus-value régulière des maisons, on a vu, à de certaines époques, des quartiers subir une dépréciation notable. La mode qui poussait les habitants à rechercher les régions occidentales, du côté du Bois de Boulogne, faisait abandonner des rues centrales, où tel immeuble, acheté 500 000 francs en 1860, ne se vendait plus que 300 000 francs au début du xxe siècle.

Immeubles bâtis. ⌒ En ce qui concerne les immeubles bâtis formant l'objet d'une acquisition opérée exclusivement en vue de la perception de loyers représentant l'intérêt du capital engagé, la considération des impôts à payer intervient naturellement, comme en matière de valeurs mobilières, dans le calcul du revenu net. Un autre facteur doit également entrer en compte, c'est celui de l'entretien de l'immeuble. On sait combien, de nos jours surtout, les travaux indispensables à la conservation des locaux sont coûteux. Il n'est pas aisé d'en calculer à l'avance le montant, qu'il convient de répartir sur la période pour laquelle ils paraîtront suffisants. Un moment arrive où l'immeuble bâti ne peut plus être conservé et où cette disparition brusque de valeur ne laisse au propriétaire d'autre actif que le terrain nu. Ces observations font mesurer la difficulté de l'évaluation du revenu vrai des immeubles urbains.

Un dernier élément d'incertitude s'y est ajouté depuis 1914. Le législateur est intervenu dans les relations entre propriétaires et locataires pour modifier les conventions établies entre eux et réduire, souvent d'une façon arbitraire, les sommes dues par les seconds aux premiers. Il en est résulté non seulement une diminution parfois énorme du revenu foncier, mais une incertitude fâcheuse sur la valeur de ces placements en immeubles qui passaient autrefois pour les mieux assurés de tous. L'annulation de contrats librement consentis entre les parties a des répercussions lointaines et qui, dans l'ensemble, seront défavorables aux locataires que la loi a prétendu protéger. Autrefois, les propriétaires, en considération de la sécurité avec laquelle ils croyaient pouvoir envisager la perception de leurs loyers, se contentaient d'un revenu modeste ; les immeubles souvent ne rapportaient pas plus que les fonds d'États et valeurs mobilières de premier ordre. Désormais, en présence des menaces législatives qui pèsent sur eux, ils exigeront des locations beaucoup plus élevées. Du plus, le goût même de ces placements, qui avait pour effet d'encourager partout la construction de nouvelles maisons, tend à décroître. C'est une des raisons de la difficulté extrême que les habitants des villes trouvent aujourd'hui à se loger.

Considérations générales à propos du placement. ∽ Nous avons passé en revue les divers ordres de placements qu'on peut envisager à l'heure actuelle. Il nous apparaît que plusieurs conclusions se dégagent de cet examen. La première, que c'est dans notre pays que nous trouverons aujourd'hui les emplois à la fois les plus fructueux et les plus sûrs. Nous les trouverons surtout en valeurs mobilières, parce que les immeubles, particulièrement les fonds ruraux, sont l'objet d'une demande spéciale et intense de la part de fermiers qui, exploitant eux-mêmes, obtiennent un revenu beaucoup plus élevé que celui d'un propriétaire qui donnerait les mêmes terres à bail. C'est du côté des valeurs mobilières à revenu fixe que se rencontrent les rendements les plus forts. Ceux-ci viennent de subir une hausse que la guerre explique aisément. L'État a dû emprunter à des taux de plus en plus élevés, et, comme toujours, ce sont les emprunts d'après-guerre, les emprunts de liquidation, qui s'émettent au taux le plus avantageux pour les capitalistes.

Les fonds de l'État français sont cotés à un prix qui donne aux rentiers un revenu de près de 10 p. 100. C'est un taux inespéré pour eux. Le devoir patriotique et les considérations personnelles sont d'accord pour conseiller à chaque Français d'employer toute son épargne disponible à la souscription ou à l'achat en bourse de fonds publics. La cote présente à cet égard une variété des plus attrayantes, depuis le Bon de la Défense nationale à trois mois, six mois, un an d'échéance qui correspond à des besoins de placement temporaire, jusqu'à la rente 3 p. 100 qui, au cours actuel (janvier 1926) de 47, donne un revenu de 6,38 p. 100 et présente des chances de plus-value considérables avec sa marge de 53 points jusqu'au pair. Ceux qui préfèrent un plus gros revenu immédiat, avec de moindres chances de plus-value en capital, achèteront du 5 p. 100 à 53, qui donne un revenu de 9,43 p. 100 avec 47 points de marge en capital. Les acheteurs de 4 p. 100 à 44 toucheront presque le même revenu 9,09 et auront le gain d'une marge de 56 points à espérer dans l'avenir. Les épargnants avisés achèteront à 66 du 5 p. 100 de l'émission de 1920, qui ne rapporte, il est vrai, que 7,57 p. 100, mais dont tous les titres sont remboursables avec 50 p. 100 de prime dans une période de soixante ans. Enfin la rente 6 p. 100 fournit le revenu le plus substantiel. On voit quelles variétés de combinaisons s'offrent à l'épargne, qui trouve ainsi des occasions inespérées de consolider les patrimoines individuels en fortifiant le crédit de la France.

Les fonds d'État français constituent certainement l'un des meilleurs placements qui se puissent envisager et qui donneront le moindre souci à ceux qui les possèdent.

CHAPITRE VI

LE REVENU ET LE CAPITAL

ÉVOLUTION DES CAPITAUX. || COTE DES VALEURS. —
CAUSES DES VARIATIONS DE LA COTE.
CONSIDÉRATION DE L'AVENIR.

ÉVOLUTION des capitaux. ∽ Un des points les plus intéressants de la science financière et qui mérite le plus de fixer l'attention est la question des rapports entre le revenu et le capital. Les modifications du revenu sont aisément comprises de chacun de nous, qui en éprouvons instantanément les variations en hausse ou en baisse. Il en est tout autrement de celles du capital, sauf en ce qui concerne les valeurs mobilières cotées, dont les bourses enregistrent quotidiennement les fluctuations. Le propriétaire d'une maison, d'un champ, d'une ferme, d'une usine, d'un fonds de commerce, n'a pas la notion immédiate et quotidienne de la plus-value ou de la moins-value de ce qu'il possède. Pour lui, la préoccupation dominante est celle du revenu qu'il peut obtenir, et c'est d'après ce revenu qu'il se forme l'idée de la somme d'argent que représente son capital.

Cote des valeurs mobilières. ∽ Le porteur de valeurs mobilières a bien, lui aussi, pour objet principal la perception d'un revenu ; mais il ne se désintéresse pas en général des cours de ses titres. Il est content de les voir monter, même s'il ne désire pas les vendre, et s'inquiète de leur baisse, alors même qu'il continue à en toucher les coupons. C'est là un des résultats de l'évolution qui a déterminé la représentation par des titres d'une part notable de la fortune humaine et qui a mobilisé tant de créances sous forme de fonds d'État et d'obligations de toute nature. Le possesseur de ces titres a une tendance à croire que sa fortune augmente ou diminue parallèlement à la hausse ou à la baisse des cours ; en fait, il n'a pas tort s'il est disposé à les réaliser. Mais, s'il les conserve, il doit bien plus se préoccuper de savoir quel est l'avenir réservé à ses valeurs que de suivre anxieusement la cote quotidienne des divers marchés. A un point de vue philosophique élevé, on peut même se demander si c'est un avantage que d'être ainsi mis à même, par l'examen de la cote, de dresser quotidiennement le bilan d'une fortune mobilière.

On nous répondra que ces cotes résultent précisément de l'opinion générale que se font les intéressés du mérite intrinsèque des titres ; et cela est vrai dans la mesure où les échanges en sont déterminés par une étude raisonnée de ce mérite. Le point délicat est de dégager les conclusions d'une étude de ce genre et de les traduire par la fixation d'un prix. Il ne faut pas oublier que celui-ci subit également les effets de décisions irraisonnées que des porteurs peuvent prendre sous l'influence de craintes exagérées ou d'espérances mal fondées. C'est ainsi que tantôt des offres peuvent être provoquées, non par des considérations appuyées sur la valeur intrinsèque, mais par un besoin d'argent poussant les détenteurs à des réalisations immédiates ; tantôt des demandes se produisant brusquement déterminent une progression violente des cours. Si l'on fait entrer en ligne de compte tous les facteurs qui jouent de la sorte pour mettre en mouvement la cote des valeurs mobilières, on voit en face de quel délicat problème de mécanique financière on se trouve.

Mille forces invisibles, impondérables, impossibles à analyser quantitativement, agissent à la fois, se heurtent ou se complètent. Quel est le Laplace qui pourrait en établir l'équation?

Causes des fluctuations de la cote. ⌒ Au milieu de cette complexité, deux ordres de causes doivent être retenus et examinés en première ligne parmi celles qui déterminent l'étiage des cours : c'est d'abord le montant et les chances de fixité, de diminution ou d'augmentation du revenu d'un titre, ensuite la considération du loyer de l'argent, de sa productivité dans le pays considéré et dans le monde en général.

Si le premier ordre de causes était seul à opérer, les fluctuations du cours d'un titre suivraient celles du revenu.

Toutes choses restant égales, les titres à revenu fixe, c'est-à-dire les rentes, les obligations, certaines catégories d'actions dont le dividende est limité, ne devraient pas subir de fluctuations aussi longtemps que les conditions générales du marché des capitaux ne seraient pas altérées. A la fin du XIXᵉ siècle, les obligations 3 p. 100 des grandes compagnies de chemins de fer français étaient tout près du pair ; certaines d'entre elles étaient cotées à 96 p. 100. Aussi longtemps que les valeurs françaises de premier ordre et aussi celles de pays d'un crédit comparable au nôtre, tels que la Grande-Bretagne et les États-Unis, se capitalisèrent aux environs du même taux, il n'y avait pas de motif de déplacement appréciable des cours.

Mais, lorsque, sous l'empire des guerres qui se succédèrent dans les premières années du XXᵉ siècle, le taux de l'argent se fut relevé partout, les obligations des chemins de fer français commencèrent à baisser, parallèlement aux autres valeurs de placement. La guerre de 1914 précipita cette chute. Aujourd'hui, les mêmes obligations sont aux environs de 40 p. 100. Le porteur qui les a achetées à 96, il y a vingt ans, et qui voudrait les réaliser en ce moment perdrait presque les trois cinquièmes de son capital. Mais celui qui les conserve continue à toucher, à une fraction près, le même revenu qu'alors (1) et a la certitude de recouvrer un jour le capital déboursé par lui et même davantage, puisque toutes ces obligations sont remboursables au pair, c'est-à-dire à 100 p. 100, au cours des trente ou quarante années à venir. Si la cote n'existait pas, les créanciers de nos grandes compagnies, satisfaits de continuer à toucher tous les six mois l'intérêt de l'argent qu'ils leur ont prêté, attendraient sans hâte l'époque du remboursement. Mais l'éventualité d'un besoin à réaliser leurs titres à la bourse pose devant leur esprit des problèmes auxquels, sans cela, ils n'auraient pas songé. Ils se demandent si, par la suite, une dépréciation plus forte encore n'atteindra pas leurs obligations ; si, d'autre part, en les réalisant, et en obtenant par là la disponibilité d'un capital, ils ne pourraient pas le replacer à un taux encore supérieur à celui que leur rapportent actuellement ces titres. Ainsi une obligation de 3 p. 100 cotée à 40 rapporte 7,5 ; celui qui place le même capital à 9,5 augmenterait son revenu presque d'un tiers.

Exemple des variations. ⌒ Le propriétaire d'un capital de 100 000 francs placés en l'an 1900 en rente 3 p. 100 amortissable française jouissait alors d'un revenu de 3 000 francs. En 1919, il perçoit toujours le même revenu ; mais sa créance de 100 000 francs sur le Trésor public, bien qu'il soit assuré de la recouvrer d'ici à 1957, ne vaut plus, d'après la cote, que 57 000 francs. Examinons le cas du propriétaire d'une maison achetée 100 000 francs en 1900 et qui percevait alors des loyers lui laissant une recette nette de 3 000 francs. La guerre ayant arrêté les constructions et augmenté pour une longue période

---

1. Le revenu a été cependant réduit par l'aggravation des impôts sur les valeurs mobilières : Le droit de timbre a passé de 0 fr. 06 à 0 fr. 12 par 100 francs ; la taxe sur le revenu a passé de 4 à 18 p. 100 ; le droit de transmission, de 0 fr. 25 à 1 fr. 26 p. 100.

le prix d'établissement de nouveaux immeubles, les loyers ont monté. Le même propriétaire touche aujour-d'hui 6 000 francs de loyer, et même beaucoup plus s'il n'est pas soumis à la limitation légale, c'est-à-dire qu'il a vu son revenu doubler ; il est vrai qu'il paie un impôt foncier bien plus élevé.

Ces deux exemples nous montrent quelles fluctuations peuvent, dans une période relativement courte, se produire soit au point de vue du capital réalisable, soit au point de vue du revenu encaissé dans les patrimoines. Et cependant, à considérer les choses de haut, les secousses sont peut-être moins violentes en réalité qu'en apparence. Rien ne nous dit que, d'ici à quelques années, le cours des obligations de chemins de fer ne reprendra pas une marche ascensionnelle ; d'autre part, la maison dont les loyers ont doublé nécessite un entretien et des réparations dont le prix s'est énormément élevé ; les taxes foncières ont été ou vont être majorées. La valeur en capital de l'immeuble décroît de toute façon ; sa vie est limitée par la force même des choses ; les matériaux dont il est fait s'effritent. Un jour viendra où la maison devra être démolie et où le propriétaire se retrouvera en face d'un terrain nu, avec l'obligation de faire la dépense d'une construction neuve. S'il n'a pas accumulé des réserves, c'est-à-dire mis de côté une partie des loyers perçus pendant la durée limitée de son immeuble, il pourra se trouver dans le plus grand embarras. Son capital aura en quelque sorte fondu entre ses mains sans qu'il s'en soit aperçu, tandis que le porteur d'un titre mobilier, d'une créance sur un débiteur solvable encaissera à l'échéance la somme qui lui est due et conservera l'intégralité de son capital.

Solidité des divers placements. ⌒ La différence de solidité entre les placements immobiliers et mobiliers n'est donc peut-être pas aussi radicale qu'elle peut le paraître au premier abord, d'autant moins que beaucoup de valeurs mobilières ne sont pas autre chose que la représentation d'immeubles. L'action d'une société immobilière est-elle autre chose qu'une fraction de propriété foncière? L'action d'une usine comporte une part importante de possession d'immeubles.

Évidemment la propriété de la terre elle-même, ou le fonds rural en tant qu'il est distinct des constructions nécessaires à son exploitation, n'est pas sujette aux aléas des propriétés bâties. Cependant le sol lui-même peut avoir une valeur bien différente selon les conditions dans lesquelles il se trouve et dans lesquelles il est entretenu. L'atroce guerre d'où nous sortons nous a appris que les champs eux-mêmes peuvent être détruits ; en maints endroits de nos départements, qui de 1914 à 1918 ont été le théâtre de batailles titanesques, l'humus qui servait aux récoltes a été arraché par le mitraille et remplacé par des pierres, du fer et de l'acier. Un domaine rural tire sa valeur principale des engrais qui le fécondent, des labeurs incessants qui le maintiennent en état de produire, des constructions nécessaires à l'exploitation qui s'y dressent, du cheptel qui lui est attaché. C'est un capital dont les éléments sont multiples et divers, et dont la conservation ne peut être assurée que par un effort continu. Notre grand fabuliste La Fontaine l'a dit en deux vers demeurés célèbres :

> *Travaillez, prenez de la peine,*
> *C'est le fonds qui manque le moins.*

Il mettait ce discours dans la bouche du vieux laboureur qui, à la veille de transmettre son héritage à ses fils, leur faisait comprendre que la terre ne vaut que par l'intervention incessante de l'homme capable de diriger à son profit les forces de la nature.

But à rechercher dans les placements. ⌀ Ce sont là des vérités qu'il faut avoir présentes à l'esprit lorsqu'on étudie les problèmes de placement de sa fortune. Le but à rechercher semble être d'abord l'obtention du revenu maximum. C'est là en effet ce qui tente avant tout l'homme pressé de jouir et d'avoir à sa disposition une somme aussi élevée que possible pour satisfaire à ses besoins. Mais tout aussitôt se présente à l'esprit la nécessité de ne pas aventurer le capital que l'on peut placer et d'en assurer la conservation dans l'avenir. Or il y a souvent antinomie entre les deux termes du problème : plus l'intérêt promis au capital par l'emprunteur est élevé, et plus grand est le risque couru. Que sert d'avoir la promesse d'un taux de 10 p. 100 si, au bout de quelques années, le débiteur devient insolvable et si le capital a disparu ? La crainte d'aventures de ce genre rendait jadis nos pères très peu enclins à des placements autres qu'en immeubles. Les fortunes nobles et bourgeoises des siècles passées consistaient surtout en terres et en maisons, comme en font foi d'innombrables documents et des souvenirs qui ne se sont pas effacés. La législation d'avant la Révolution et le Code Napoléon lui-même en sont les témoins : les dispositions concernant la transmission des immeubles sont nombreuses, tandis qu'il ne s'en rencontre guère au sujet des valeurs mobilières. Celles-ci consistaient alors presque exclusivement en titres de créance nominatifs ou en billets au porteur, dont l'usage était restreint à des classes peu nombreuses de la société.

Immeubles ruraux et urbains. ⟋ Aujourd'hui il en est autrement. Les immeubles se répartissent en deux catégories : urbains et ruraux. Les premiers se divisent en hôtels particuliers et en maisons de rapport, qui en constituent la très grande majorité. C'est un mode de placement fort apprécié des capitalistes, qui y trouvent une assez grande sécurité et un revenu convenable. Ils ont contre eux la détérioration plus ou moins lente de la construction, l'augmentation générale des taxes foncières qui se poursuit à peu près régulièrement dans la plupart des États modernes. Ces deux causes de diminution de valeur sont souvent compensées par des motifs de hausse ; en ce moment, par exemple, — au lendemain de la Grande Guerre, — il est presque impossible d'édifier des constructions nouvelles ; il en résulte une rareté des logements telle que les prix de location montent rapidement. La valeur des immeubles existants en est accrue d'autant. Mais les interventions du législateur dans les conventions entre locataires et propriétaires sont une source de graves préoccupations pour ces derniers.

Pour ce qui est des fonds ruraux, la hausse des denrées de toute nature, des céréales, des légumes, du lait, du beurre, des œufs, multiplie par 4 et par 5 les chiffres du revenu brut d'avant-guerre. Mais, d'autre part, la main-d'œuvre agricole est rare comme la main-d'œuvre industrielle, et elle exige des salaires trois ou quatre fois plus élevés que jadis ; en outre, le prix du matériel, des engrais, etc., a monté comme celui des produits agricoles. Par contre, l'exploitant d'un domaine rural d'étendue moyenne est privilégié au point de vue des impôts, et dans l'ensemble ces domaines rapportent actuellement des bénéfices appréciables.

Placements industriels. ↶ Les placements directs dans l'industrie sont le fait de familles qui possèdent des usines, des manufactures, des chutes d'eau, des moulins. Lorsque ces biens se transmettent de génération en génération, il est assez difficile d'en déterminer le rendement. On ne peut guère remonter aux prix d'acquisition d'origine ; tout au plus convient-il d'estimer la valeur vénale de l'établissement à l'époque considérée, de la comparer à la somme des rentrées annuelles et d'en déduire le taux du revenu. C'est d'ailleurs dans ce domaine que la transformation de la propriété personnelle en sociétés par actions est la plus fréquente. Alors même que le propriétaire conserve la majeure partie des actions, il trouve avantage à adopter la forme sociale, qui, transmettant les actions de génération en génération, empêche une liquidation et une reconstitution, qui auraient été inévitables si la propriété était restée individuelle.

Fonds de commerce. ∽ La même observation s'applique aux fonds de commerce, dès qu'ils atteignent une certaine importance. Qui ne connaît les grands magasins tels que le *Bon Marché*, le *Louvre*, le *Printemps*, les *Galeries Lafayette?* Au début, c'était la propriété d'un homme qui avait fondé un magasin. A mesure que les affaires se sont développées, il s'est adjoint des collaborateurs ; plus tard la société en nom collectif s'est transformée en une société par actions. On cite des exemples comme celui du magasin la *Samaritaine*, dont le propriétaire unique a fait don de son affaire à l'ensemble de ses collaborateurs, à tous les degrés : chacun d'eux est devenu actionnaire de la société. La tendance contemporaine est, sur tous les domaines, à la mise en actions des entreprises : elle règne dans l'industrie, le commerce, la banque. Combien a-t-on vu d'anciennes banques provinciales se transformer en sociétés par actions ou devenir les succursales de grands établissements de crédit parisiens ! Ce n'est guère qu'en matière agricole que la propriété individuelle règne encore sans conteste. Cependant, aux colonies et dans les pays de protectorat s'organisent sous forme de sociétés des entreprises d'exploitation du sol. Au Maroc, d'importantes étendues ont été acquises et sont cultivées de la sorte.

Étendue du champ de placement. ∽ La conclusion de ces observations est que l'épargnant a devant lui un champ pour ainsi dire illimité de placement. Alors qu'autrefois il n'avait guère le choix qu'entre l'achat direct d'un immeuble ou l'acquisition de quelqu'une des rares valeurs mobilières qui étaient en circulation et qui consistaient essentiellement en reconnaissances de dettes souscrites dans un rayon limité, aujourd'hui le moindre capitaliste peut s'intéresser aux entreprises les plus diverses, ou confier ses économies au Trésor public qu'il lui plaira de choisir parmi la multitude de ceux qui font appel au crédit. Sans sortir de son pays, un Français n'aura qu'à consulter la cote de la Bourse de Paris pour y choisir les rentes, les actions, les obligations des cinq parties du monde qui lui paraîtront réunir le maximum de perspectives favorables compatibles avec la sécurité de l'avenir.

Conservation du capital. ∽ Nous ne saurions trop insister sur ce dernier point. La question du taux du revenu est beaucoup moins importante que celle de la conservation ou éventuellement de l'augmentation du capital. Les mouvements de celui-ci sont devenus beaucoup plus apparents depuis qu'une proportion aussi forte de la richesse humaine est représentée par des titres négociables. Sans que les hausses et les baisses de la cote correspondent à un accroissement ou à une réduction définitive de la valeur, il n'en est pas moins certain qu'elles indiquent à tout instant le prix obtenable par le possesseur désireux de réaliser et que, par conséquent, elles déterminent la valeur, au moment considéré, du titre. Le capitaliste qui fait un placement à longue échéance ne doit pas se laisser émouvoir par les fluctuations de cours, pas plus qu'un fermier ne modifiera ses plans de culture sous l'influence d'une dépression barométrique qui annonce un orage. Mais il est des ouragans qui anéantissent des récoltes, et des tempêtes politiques, des guerres, qui peuvent compromettre singulièrement les créances sur les États, ou détruire les propriétés qui servaient de base aux actions et obligations des sociétés privées.

Évaluation des risques. ∽ Quelle place l'homme prudent doit-il faire, dans ses supputations de l'avenir, aux dangers de révolutions intérieures et de conflits internationaux? C'est une question à laquelle il est difficile de répondre, parce que les événements prennent souvent une tournure différente de celle que le raisonnement en apparence le mieux fondé aurait pu faire prévoir.

Il est intéressant de chercher à nous rendre compte, par l'examen de la cote, de la réponse que les acheteurs de valeurs mobilières font eux-mêmes à la question que nous venons de poser. Les cours des valeurs, surtout de celles qui ont un large marché et qui s'échangent quotidiennement à la Bourse, sont en effet la traduction des dispositions du public.

Examen de la cote. ∽ Recherchons donc, d'après la cote de la Bourse, les taux de capitalisation d'un certain nombre de rentes, d'obligations et d'actions. On y découvre des variétés infinies, des écarts souvent difficiles à expliquer. Il faut, pour les comprendre, se souvenir que mille circonstances exercent leur action sur ces phénomènes. Il s'agit non seulement de la valeur intrinsèque du titre, du crédit de l'emprunteur en matière de fonds d'État et de sociétés privées, de la réputation et de l'habileté des administrateurs d'une entreprise par actions, mais de circonstances extrinsèques, telles que le classement plus ou moins avancé d'un titre : à mérite égal, les actions de deux sociétés sont cotées plus haut l'une que l'autre parce que l'une sera plus ancienne et que ses actions, divisées entre un plus grand nombre de propriétaires, seront offertes en quantités moindres, sur les marchés, que celles de l'autre, de fondation plus récente.

Pour montrer par des exemples la diversité d'appréciation des valeurs, choisissons quelques titres et voyons quels étaient les cours en novembre 1919, au lendemain de la paix.

L'action de la Banque de Paris et des Pays-Bas était

cotée à 1 370 francs ; le dernier dividende distribué était de 40 francs brut ; elle était donc capitalisée à moins de 3 p. 100.

L'action des chemins de fer d'Orléans, qui avait donné 59 francs pour 1918, était cotée 955 francs ; elle se capitalisait donc à plus de 6 p. 100, c'est-à-dire au double. D'où vient cet écart? Il semblait jusqu'ici qu'une action de chemins de fer présentât une sécurité au moins égale, peut-être supérieure, à celle d'un établissement de crédit. Cependant, en allant au fond des choses, on peut trouver l'explication de cette anomalie apparente. Le bilan de la Banque de Paris et des Pays-Bas accuse des réserves égales au capital et qui permettent de dire que le pair de l'action est de mille et non pas de cinq cents francs. De plus, l'activité de la société est grande et permet d'espérer l'augmentation graduelle du dividende. C'est ce qu'escomptent les porteurs, et c'est pourquoi ils se contentent, dans le présent, d'un rendement aussi faible. Au contraire, les actionnaires de l'Orléans connaissent toutes les difficultés contre lesquelles les compagnies de chemins de fer ont à lutter ; ils se demandent si, en dépit des conventions intervenues et de l'arrêt célèbre du Conseil d'État qui les a interprétées, l'État maintiendra la garantie du dividende jusqu'en fin de concession. De là des inquiétudes qui se traduisent par la baisse des titres. D'autre part, dans l'hypothèse la plus favorable, le revenu de l'action n'est pas fourni par l'exploitation du réseau, qui se solde en ce moment par un déficit formidable. Le dividende ne provient que de la garantie d'État et ne peut, dès lors, se capitaliser plus favorablement que les fonds publics. Or il en est parmi ceux-ci qui se capitalisaient en 1919 à 6 p. 100. Si du dividende brut de 59 francs pour l'action au porteur nous déduisons les impôts représentant une dizaine de francs, il nous reste 49 francs, qui, sur le cours de 955, font un revenu d'environ 5 p. 100, inférieur à celui que fournissent actuellement les fonds publics français. L'action du Canal de Suez, pour un revenu brut de 327 francs en 1924 est cotée 13 680, c'est-à-dire qu'elle rapporte moins de 1,75 p. 100 net. Le Gaz pour la France et l'Étranger, qui n'avait rien distribué à ses actionnaires depuis six ans, était à 440 en 1919 ; l'action des Chemins de fer portugais, qui n'a pas donné un centime de dividende depuis trente ans, est à 100 francs. On peut s'expliquer la cote élevée du premier de ces deux titres : la Société du Gaz pour la France et l'Étranger est une entreprise qui fut longtemps prospère, qui a pendant de longues années distribué des dividendes, et qui a souffert des conséquences de la guerre, avant tout de la hausse formidable du charbon. On pouvait espérer la voir revenir à meilleure fortune, et en fait elle a repris la distribution de dividendes qui se sont déjà relevés à 50 francs. Mais quelle chance de toucher jamais un dividende y a-t-il pour les actionnaires de la Compagnie royale des chemins de fer portugais, qui n'est pas en mesure de faire intégralement le service de ses obligations? On ne peut s'expliquer le maintien d'un cours relativement élevé que par le désir de certains porteurs d'actions de conserver une influence dans la direction de l'affaire, et aussi par le fait que, la Société étant très ancienne, ses titres sont très divisés, répartis entre un grand nombre de propriétaires, enfermés dans des portefeuilles d'où ils ne sortent jamais.

Fonds d'État. ⸾ Si nous considérons les fonds d'État, nous trouvons des écarts aussi considérables et des variations énormes dans des périodes relativement très courtes. Il n'y a pas très longtemps que le 3 p. 100 français était au pair, c'est-à-dire à 100 ; il est aujourd'hui (janvier 1926) à 47, c'est-à-dire qu'il rapporte en réalité 6,38 p. 100 ; et encore est-il capitalisé à un taux moins élevé que le 6 p. 100 français, qui à 63 rapporte 9,50 p. 100, et que le 4 p. 100 qui à 44 donne 9,09. Au contraire, le 3 p. 100 amortissable, coté 57, ne rapporte en apparence que

5,26 p. 100. Mais, pour ce dernier fonds, il faut tenir compte du fait qu'il est remboursable au pair d'ici à 1957, par tirages annuels, et que la prime de 43 francs p. 100 que touche le rentier chaque fois qu'une de ses obligations sort au tirage représente un supplément de revenu qui n'est pas négligeable. D'autre part, le 5 p. 100 russe, qui ne paie plus de coupons depuis la révolution bolcheviste, est encore coté à 27 ; la rente unifiée turque 4 p. 100, qui n'a rien donné aux porteurs français depuis 1914, est à 85. Pour ce dernier fonds, on espère la reprise du service des intérêts, sans quoi on ne s'expliquerait pas que ce fonds ottoman fût coté deux fois plus cher que le 4 p. 100 français. Il est vrai que le cours comprend les coupons arriérés de plusieurs exercices.

Anomalies apparentes. ∽ Des anomalies apparentes ne se relèvent pas seulement dans la comparaison des cours de fonds d'État différents. On est surpris des écarts que l'on constate entre rentes dues par un' même débiteur. Nous venons de voir le turc 4 p. 100 unifié coté à 85. A côté de lui, le 5 p. 100 ottoman de 1914, est à 60 (janvier 1926), tandis que sa parité avec l'unifié est de 106. Le 3 p. 100 russe est à 18, le 4 1/2 russe à 21, alors que la parité par rapport au 3 p. 100 devrait être 27. D'une façon générale, quand on compare entre eux les fonds d'un même pays, on constate que ceux dont le revenu nominal est le plus faible sont ceux dont la cote est relativement le plus élevée. Cela se vérifiait autrefois pour les fonds russes. Mais, depuis qu'ils ont cessé de payer leurs coupons, la cote est devenue erratique.

Elle s'inscrivait comme suit en 1919 et 1920.

Taux de la Rente.	1919		1920	
	Cours	revenu p. 100.	Cours	revenu p. 100.
3 p. 100....................	38	7 90	25	12 »
3 1/2 p. 100................	36	9 72	25	14 »
4 —	40	10 »	33	12 »
4 1/2 —	46	9 78	32	14 »
5 —	58	8 62	43	11 63

C'est le 4 p. 100 qui aurait fourni, aux cours d'achat de 1919, le revenu le plus élevé, si le Trésor russe avait été en mesure de tenir alors ses engagements. En 1926, le 4 1/2 se cote sur le pied de 22 p. 100. Il est d'ailleurs quelque peu paradoxal de capitaliser un revenu qui ne se paie pas.

D'une façon générale, on s'explique que le fonds dont le revenu est le plus faible soit coté proportionnellement le plus haut. C'est lui qui est le plus éloigné du pair et qui, par conséquent, a la plus grande marge de hausse. Le pair est en effet le pôle vers lequel tendent les fonds d'État en temps normal, c'est-à-dire lorsqu'ils paient régulièrement leurs arrérages. L'ascension des cours se rapprochant de ce niveau sera d'autant plus sensible qu'elle partira d'un point plus bas.

La cote des fonds français en janvier 1926 vérifie ce principe :

Taux de la rente.	Cours.	Rendement, sans tenir compte de la prime de remboursement.	
3 p. 100 perpétuel......................	47	6	38
3 — amortissable au pair............	57	5	26
4 — non remboursable avant 1943.	44	9	09
5 — non remboursable avant 1931.	57	8	77
5 — amortissable à 150.............	66	7	57
6 —	63	9	50

Le revenu le plus élevé est fourni par le 6 p. 100 qui, au cours de 63 rapporte 9,50, tandis que le 3 p. 100 amortissable ne rapporte que 5,26 p. 100 ; mais les porteurs de ce dernier fonds ont la certitude d'être remboursés à 100 d'ici à 1957. Quant au 5 p. 100 amortissable, c'est une raison semblable qui explique pourquoi il semble ne rapporter que 7,57, alors que l'autre 5 p. 100 rapporte 8,77. Pour ce fonds de 1920, le pair en réalité n'est pas 100, mais 150, puisque tous les titres, d'ici à 1980, sont remboursables à 150, c'est-à-dire avec une prime de 50 p. 100.

Celui qui fait des placements à longue échéance devra

donc déterminer son choix d'après la considération que nous venons d'exposer et se contentera d'un revenu plus faible dans le présent parce qu'il recevra une compensation du chef de la hausse probable de son titre dans l'avenir.

Achats de titres au-dessus du pair. ∽ L'inverse peut avoir lieu. Pour toucher un revenu immédiat plus élevé, il arrive que des rentiers consentent à payer un titre à prime, c'est-à-dire au-dessus du pair. Ils jouiront ainsi d'un rendement supérieur à celui que des placements similaires leur auraient donné, mais ils subiront une perte sur leur prix d'achat, au jour où le titre sera remboursé au pair. Nous trouvons des exemples de combinaisons de ce genre dans l'histoire financière des États Unis. Vers la fin du XIXe siècle, le 3 p. 100 de la Grande République était coté au pair ; le Trésor émit des rentes 4 p. 100 à 115 dont le revenu effectif était par conséquent de 3,47 p. 100 et qu'il s'engageait à ne pas rembourser avant vingt ans. Cette stipulation était indispensable, sans quoi les souscripteurs, exposés à être remboursés au pair à tout moment, auraient subi une perte en capital qui aurait pu ramener le taux d'intérêt à néant. Quand un titre a été acheté au-dessus du pair, le remboursement cause une perte ; quand il a été acquis au-dessous du pair, ce même remboursement est un bénéfice pour le porteur. C'est cet axiome qu'il faut avoir présent à l'esprit chaque fois qu'on achète un titre amortissable, c'est-à-dire dont le capital doit être remboursé à une époque fixe ou dans une période déterminée. Ce calcul peut se faire mathématiquement dans le premier cas, et d'après une échelle de probabilités dans le second.

Considération de l'avenir. ∽ D'une façon générale, la question de durée joue un rôle important dans les placements humains. Elle est liée à celle de la sécurité, qui est particulièrement délicate. Les calculs les plus prudents peuvent être contrariés par les événements. Qu'y avait-il de mieux gagé que les obligations des grandes compagnies de chemins de fer français, dont les recettes nettes, dans la plupart des cas, dépassaient les sommes nécessaires au service de l'intérêt et de l'amortissement? Or voici que l'élévation brutale des frais d'exploitation détruit cet équilibre. Des titres d'entreprises électriques et gazières, fondés sur des concessions régulières, semblaient également constituer ce qu'on appelle des placements de père de famille, lorsque la hausse désordonnée des charbons est venue bouleverser les bilans de ces sociétés.

Il est inutile d'insister davantage sur les risques que peuvent entraîner les titres d'entreprises industrielles.

Nous avons montré ce qui se passe pour les chemins de fer, qui fournissent cependant à l'humanité moderne un des services dont elle peut le moins se passer, celui des transports. Les risques des entreprises maritimes sont plus considérables encore, parce que les taux du fret varient dans des proportions infiniment plus grandes que les tarifs des voies ferrées. La route étant ouverte à tous, l'industrie du transport sur mer est libre et, selon les époques, se montre très exigeante ou au contraire disposée à effectuer des voyages à des prix invraisemblables de bon marché. C'est ainsi qu'il y a une vingtaine d'années plusieurs sociétés de navigation étaient à la veille de suspendre leurs paiements. Pendant la guerre, elles ont réalisé de grands bénéfices, surtout à l'étranger : les armateurs neutres, tels que ceux de Grèce, de Scandinavie, ont gagné plusieurs fois leur capital.

Les vicissitudes des fonds d'État ne sont pas moindres. La politique joue ici un rôle prépondérant. Les révolutions intérieures et les guerres ont pour effet d'ébranler le crédit et infligent par suite aux fonds publics des baisses parfois désastreuses. La cote enregistre aujourd'hui des changements de niveau qui atteignent des proportions formidables.

Le tableau ci-dessous indique les cours de quelques rentes européennes vers la fin du XIXᵉ siècle, c'est-à-dire à une époque où les capitaux étaient abondants, à la veille de la Grande Guerre, en novembre 1919, en août 1920, en janvier 1926 :

		1899.	Juin 1914.	Novembre 1919.	Août 1920.	Janvier 1926.
3	p. 100 français	101	87	60	57	47
2 1/2	— anglais	107	75	52	46	53
3	— belge	100	98	74	65	62
3 1/2	— italien		97	50	47	72
4	— russe	102	75	40	33	16

Non seulement les rentes ont baissé dans la mesure indiquée ci-dessus, mais la France, l'Angleterre, la Belgique, l'Italie et bien d'autres pays ont dû recourir, pour leurs emprunts nouveaux, à des types 5 et 6 p. 100 qui avaient disparu de leurs grands livres et qui, en plus d'un cas, ont dû être émis au-dessous du pair, fournissant ainsi aux souscripteurs un revenu double de celui que les mêmes États servaient à leurs prêteurs il y a une vingtaine d'années. Les fonds italiens et anglais se sont relevés par rapport au niveau de 1920 grâce à l'amélioration remarquable de leur situation budgétaire. Au contraire les fonds français, belge et russe sont au plus bas.

Les placements en fonds publics ne sont donc pas exempts de risques : ceux qui sont faits dans les pays dont les finances sont bien gérées constituent cependant un emploi judicieux des fonds disponibles, particulièrement pour les nationaux. En temps de crise, c'est un devoir pour eux que de consacrer une partie de leur fortune à l'acquisition de valeurs du Trésor. D'une façon générale, il faut considérer en ces matières le revenu et la sécurité du fonds et ne pas se laisser émouvoir par les cours de la Bourse.

CHAPITRE VII

LES BANQUES

ROLE *des banques.* ⌒ Le rôle joué par les banques dans le monde moderne est considérable. Il n'a cessé de grandir au cours des dernières cinquantes années et mérite que nous lui consacrions un chapitre. Cela est d'autant plus nécessaire que c'est un domaine mal connu : beaucoup d'hommes prononcent ce nom sans savoir exactement ce qu'il représente et parmi ceux-là même qui ont recours aux services de ces établissements, beaucoup en ignorent la marche et portent sur leur gestion des jugements erronés. On applique indistinctement le nom de banque et de banquier à une société anonyme considérable comme le Crédit Lyonnais ou le Comptoir d'Escompte, à un coulissier qui s'occupe de négocier pour compte de sa clientèle des valeurs mobilières, à une maison séculaire de finance comme celle des Mallet ou des Rothschild.

La véritable profession du banquier consiste à faire ce qu'on appelle le commerce de l'argent, c'est-à-dire celui des capitaux monnayés et des nombreux signes qui les incarnent, tels que billets, lettres de change, chèques, virements postaux ou télégraphiques. Peu à peu, cette activité s'est étendue à la création et à la négociation des fonds d'État, des actions et obligations de toute nature, que l'on désigne du nom de valeurs mobilières et qui, dans le monde moderne, ont pris un développement extraordinaire.

Diverses espèces de banques. ⟳ On distingue quatre catégories de banques, selon l'objet principal de leur activité : banques d'émission, de dépôt, d'affaires, de crédit foncier ou hypothécaires. Ces classes ne constituent pas des compartiments étanches, rigoureusement séparés les uns des autres. Certaines opérations, comme la réception des dépôts du public, se retrouvent chez tous ces établissements. D'autres, au contraire, comme l'émission des billets, sont l'apanage exclusif d'une seule espèce de sociétés. Mais ce qui les distingue nettement les unes des autres, c'est le caractère essentiel de leurs opérations.

Banques d'émission. ⟳ Les banques d'émission créent des billets au porteur revêtus de leur signature et qui jouent le rôle de monnaie. Pour bien comprendre la portée de cet instrument, il est nécessaire d'en rappeler la genèse. A l'origine, les banques recevaient de leurs clients des dépôts en numéraire, en espèces d'or ou d'argent ; elles leur délivraient, en échange, des récépissés qui circulaient de main en main, au même titre que les monnaies dont ils étaient la représentation, et que le porteur pouvait, à son gré, retirer quand bon lui semblait. La signature de la Banque n'intervenait que pour constater la matérialité du dépôt ; elle inspirait confiance au public. A ce titre, le billet constituait déjà un instrument de crédit, mais il lui était réservé de jouer par la suite un rôle beaucoup plus important. La confiance de ceux qui avaient pris l'habitude de s'en servir grandissait, et les retraits du numéraire devenaient de plus en plus rares, chacun trouvant beaucoup plus commode de régler ses transactions au moyen d'une feuille de papier que de manier des espèces encombrantes. Un jour vint où la banque eut l'idée de créer des billets pour une somme dépassant celle de son encaisse métallique, en les gageant par une rentrée ultérieure d'espèces dont elle était créancière. Elle avait, par exemple, reçu une promesse de paiement à trois mois d'échéance : en attendant ce versement, elle créait des billets pour une somme correspondante. D'après quel raisonnement pouvait-elle le faire? Elle se fondait sur l'expérience acquise, qui lui apprenait que les billets ne lui étaient présentés au remboursement que dans une proportion telle qu'il lui était loisible d'en mettre en circulation un chiffre dépassant celui de l'encaisse.

Genèse du billet de banque. ◦ A partir de ce jour, le crédit du billet de banque était fondé : le public le recevait comme la représentation, non seulement de monnaies métalliques conservées dans les serres de l'établissement émetteur, mais encore d'autres monnaies, dont la Banque était créancière et qu'elle devait recevoir au fur et à mesure de l'échéance des effets de commerce escomptés par elle ou, d'une façon générale, des avances consenties à sa clientèle. Le billet n'était plus la simple photographie des espèces présentes ; il se transformait en une anticipation de rentrées futures, mais certaines. Il ne perdait donc pas sa qualité monétaire. Il suffisait, en effet, que la Banque, à un moment donné, cessât de faire de nouvelles avances et encaissât successivement à l'échéance les avances consenties par elle pour qu'elle rentrât dans la totalité des espèces dont elle aurait besoin pour rembourser tous ses billets. Le grand service que ce mécanisme rend à la communauté, c'est de fournir aux porteurs des lettres de change ou d'autres promesses de monnaie à terme la possibilité de les échanger contre des billets de banque, qui sont peu à peu devenus de véritables équivalents de la monnaie.

Évolution du billet de banque. ◦ C'est là leur force et aussi leur danger.

Il est naturel que les billets d'une banque bien gérée, couverts en partie par l'encaisse métallique, en partie par une portefeuille d'effets de commerce sévèrement choisis, inspirent au public pleine confiance et que les porteurs ne se soucient pas d'aller réclamer aux guichets de l'établissement émetteur l'exécution de la promesse inscrite sur les billets : « Il sera payé en espèces à vue au porteur, la somme de... » Mais cet état de choses ne subsiste qu'aussi longtemps que les bilans de la Banque démontrent qu'elle est en mesure de procéder à ce remboursement, c'est-à-dire qu'elle possède une proportion d'encaisse suffisante par rapport à sa circulation. Le jour où cette circulation augmente démesurément et cesse d'être gagée par l'encaisse et le portefeuille, les dispositions du public se modifient : il se presse aux guichets de la Banque pour obtenir du numéraire. C'est alors que le gouvernement intervient. C'est presque toujours lui qui est responsable de l'inflation ; c'est lui qui a exigé de l'institut d'émission des avances pour lesquelles il a fallu créer des milliards de billets ; afin de permettre à la Banque de lui venir en aide, il la dispense de rembourser ses billets, il décrète le cours forcé, c'est-à-dire le régime sous lequel les citoyens sont tenus de recevoir en paiement de leurs créances les billets de la Banque, sans avoir le droit d'en réclamer l'échange contre des pièces d'or ou d'argent.

Telle est l'évolution classique du billet de banque. Nombreux sont les pays chez lesquels elle s'est produite. La dernière guerre en a multiplié les exemples chez les belligérants. Au lendemain de la paix, la situation est encore la même chez plusieurs d'entre eux. Nous allons passer les principaux en revue.

Le billet de banque en France. ⮑ L'histoire du billet de banque en France est particulièrement instructive. Dès le début du xviiie siècle, à l'époque du fameux système du contrôleur général Law, notre pays a connu toutes les erreurs d'une circulation excessive. Après avoir proclamé les sains principes, c'est-à-dire l'obligation pour la Banque de toujours rembourser son papier en numéraire, Law eut recours aux mesures les plus violentes pour essayer d'imposer au public ses billets à cours forcé. Le système ne tarda pas à s'écrouler, entraînant des ruines nombreuses, et laissant dans l'esprit des Français une méfiance profonde à l'endroit du billet de banque. Une seconde expérience fut encore beaucoup plus désastreuse que la première. Ce fut celle des assignats de la Première Révolution.

En proie à de redoutables difficultés financières, l'Assemblée Constituante voulut créer une monnaie qui eût pour gage les biens nationaux repris au clergé et à la noblesse, et dont la vente devait servir à rembourser les assignats. Entraînées sur une pente dangereuse, les assemblées révolutionnaires ne tardèrent pas à multiplier les billets sans plus se soucier de maintenir une relation quelconque entre leur chiffre et la valeur du domaine qui était censé les garantir. Des lois terribles essayèrent vainement de maintenir aux assignats une valeur réelle égale à leur montant nominal. Un jour vint où le législateur lui-même dut reconnaître qu'un franc papier n'était plus un franc métal. Tout l'édifice s'écroula : les 40 milliards d'assignats disparurent de la circulation.

La Banque de France. ⌒ Peu d'années après, la France, sortie de la tourmente, retrouva, avec un gouvernement stable, l'ordre économique. La Banque de France fut fondée et reçut le privilège d'émettre des billets payables à vue et au porteur. Ce privilège ne lui fut d'abord accordé que pour Paris ; elle reçut ensuite l'autorisation d'ouvrir des succursales en province ; mais ce ne fut qu'un demi-siècle après sa fondation, en 1848, que son monopole fut étendu à toute la France. Le capital primitif était de 30 millions, divisé en 3 000 actions nominatives de 1 000 francs chacune. Il fut porté à 45 millions en 1803 et à 90 millions en 1806. Cette dernière date est celle de l'organisation définitive de la Banque de France, qui avait traversé une crise dangereuse à la fin de 1805, pendant la campagne d'Austerlitz, et que l'Empereur voulut asseoir alors sur des bases assez solides pour éviter le retour de semblables difficultés. Trois pouvoirs se partagent l'autorité ; le gouverneur nommé par le chef de l'État, les quinze régents élus par les actionnaires et l'assemblée générale formée des deux cents plus forts actionnaires de la Banque. Les statuts fondamentaux arrêtés en 1808 ordonnent que la Banque devra toujours avoir en caisse une quantité de numéraire suffisante pour rembourser ses billets, sans toutefois en prescrire la proportion. Les opérations permises sont l'escompte du papier à trois signatures n'ayant pas plus de trois mois à courir et les avances sur certains titres, tels que les rentes françaises, les obligations municipales et départementales, les actions et obligations de certaines grandes entreprises françaises d'intérêt général, telles que les Compagnies de chemins de fer, le Crédit Foncier de France.

Après le Premier Empire, la Banque de France joua un rôle moins actif ; sous la Restauration, son capital fut réduit à 67 millions ; des banques départementales assurèrent la circulation fiduciaire dans les principales provinces, jusqu'à ce que la Deuxième République établit l'unité d'émission dans la France entière, transformant les banques départementales en succursales de la Banque de France et élevant à cette occasion le capital de cette dernière à 91 250 000 francs. La dernière augmentation de capital eut lieu en 1857 : il fut alors doublé et porté à 182 500 000 francs, chiffre qui n'a pas varié depuis lors.

Privilège de la Banque de France. ∞ Le privilège, accordé d'abord pour quinze ans, fut, en 1806, étendu jusqu'à l'année 1843 ; en 1840, il fut prorogé à 1867 ; dès 1857 jusqu'à 1897 ; à cette dernière date jusqu'en 1920, et enfin en 1918, jusqu'en 1945. A chaque renouvellement, l'État s'est fait consentir des avantages de plus en plus importants. Cette tendance s'est accentuée notablement, lors des deux dernières conventions, celles de 1897 et de 1918. Pour la première fois, en 1897, le Trésor a reçu une part des bénéfices de l'établissement, sous les formes suivantes : prélèvement régulier sur le produit des opérations lucratives ; attribution d'une partie des produits de l'escompte, lorsque le taux dépasse un certain niveau ; attribution à l'État des billets mis hors cours et que la Banque est autorisée à faire disparaître de son passif.

Émission et cours forcé. — En principe, l'émission des billets était, d'après les statuts fondamentaux, illimitée. Le législateur avait considéré que l'obligation par la Banque de rembourser ses billets à vue serait un frein suffisant à une émission excessive. Par une conséquence logique, lorsque le gouvernement donna pour la première fois cours forcé aux billets en 1848 il limita l'émission à 350 millions. Mais dès que le cours forcé eut disparu, toute liberté fut rendue à la Banque. En 1870, le cours forcé est rétabli et la loi limite de nouveau l'émission. Mais, après que le cours forcé eut disparu en 1877, le législateur maintint son contrôle de l'émission qui n'a pas cessé de s'exercer depuis lors. C'est la loi qui, depuis un demi-siècle, détermine le chiffre maximum de la circulation des billets. De 1877 à 1914, cette intervention n'avait pas de raison d'être ; chaque fois d'ailleurs que le besoin d'élever la limite se faisait sentir, notamment par suite d'une augmentation de l'encaisse, le Parlement se hâtait de voter la loi nécessaire. En 1914, le cours forcé ayant été rétabli, la limitation légale est redevenue logique.

La guerre a provoqué une extension prodigieuse de l'activité de la Banque, en même temps qu'une transformation profonde dans son orientation. En temps de paix, les services de l'établissement allaient essentiellement au commerce, à l'industrie, à la finance privée. Aujourd'hui, ils sont pour la majeure partie consacrés à l'État. Le rapprochement des bilans de 1913, de 1919 et de 1925, ci-après reproduits, marquent cette évolution d'une façon saisissante :

BANQUE DE FRANCE

BILAN COMPARÉ AU 24 DÉCEMBRE 1913, AU 24 DÉCEMBRE 1919 ET AU 31 DÉCEMBRE 1925

Actif (en millions de francs).

	1913.	1919.	1925.
Numéraire et lingots, en France et à l'Étranger	4 157	5 846,5	5 869
Avoir en compte à la Trésorerie des États-Unis		518	
Disponibilités et Avoir à l'Étranger		779	566
Effets échus hier et à recevoir ce jour	1	18	3
Portefeuille de Paris et des succursales	1 526	1 268	4 184
Effets prorogés à Paris et dans les succursales		627	4
Avances sur lingots et monnaies	30	13	
Avances sur titres	742	1 452	2 518
Avances à l'État (consenties pour la durée du privilège)	200	200	200
Avances temporaires au Trésor public		25 500	35 950
Inondations de 1910. Loi du 18 mars 1910	5		
Bons du Trésor français escomptés pour avances de l'État à des gouvernements étrangers		3 755	5 213
Rentes de la réserve	13	13	13
Rentes disponibles	100	100	277
Rentes immobilisées (loi du 9 juin 1857)	100	100	100
Hôtel et mobilier de la Banque ; immeubles des succursales	44	47	195
Emploi de la réserve spéciale	8,4	8	8
Solde de divers comptes	61,6	1 919,7	3 319
Total	6 988	42 163	58 419

Passif (en millions de francs).

	1913.	1919.	1925.
Capital de la Banque............	182,5	182,5	182,5
Bénéfices en addition du capital (art. 8 de la loi du 9 juin 1857 et art. 12 de la loi du 17 novembre 1897)......................	8,5	8,5	186,5
Réserves mobilières.............	22	22,1	22
Réserves immobilières..........	4	4	4
Réserve spéciale................	9	9	9
Compte d'amortissement (loi du 20 décembre 1918)............		703	1 428
Compte annexe d'intérêts du compte d'amortissement (loi du 20 décembre 1918)................		2,6	18
Billets au porteur en circulation...	5 714	37 274,6	51 085
Arrérages de valeurs déposées ou transférées	20	48	67
Billets à ordre et récépissés payables à Paris ou dans les succursales..	4	2	1
Compte courant du Trésor........	403	76,5	12
Comptes courants et comptes de dépôt de fonds : Paris et succursales........................	575	3 127,1	3 323
Dividendes à payer.............	1	5,2	24
Réescompte des effets escomptés non échus....................	5,4	8,2	6
Solde de divers comptes.........			19 (1)
Profits et pertes...............	39,6	74,3	
Divers.........................		615,4	2 032
Total.............	6 988	42 163	58 419

Nous remarquerons tout d'abord une augmentation énorme du total du bilan qui passe de 7 à 42 milliards en 1919, puis à 58 milliards en 1925. De nouvelles conventions, dont la dernière date du 7 décembre 1925 ont porté, en effet, à 58 milliards et demi la limite de la circulation et à 39 milliards et demi la limite des avances à l'État. L'encaisse, composée de numéraire et de lingots, n'a pas sensiblement varié ; le portefeuille des effets de

(1) Réescompte du dernier semestre à Paris et dans les succursales.

commerce a plus que doublé en douze ans. Les avances sur titres ont presque quadruplé. Mais ce qui a crû démesurément, c'est le compte débiteur de l'État. En 1913, il ne devait à la Banque de France que 200 millions, somme qui lui était prêtée sans intérêt jusqu'à expiration du privilège. En 1925, il lui doit 36 milliards, qui lui ont été avancés directement, et 5 213 millions, qui représentent le montant de Bons du Trésor français, escomptés par la Banque pour avances de l'État à des Gouvernements étrangers. Ces deux chapitres réunis représentent presque les trois quarts du bilan, c'est-à-dire de l'activité de la Banque. Examinons le passif : il consiste essentiellement en un chapitre de 51 milliards de billets. Sur ce montant, 13 milliards seulement correspondent à l'encaisse, au portefeuille, aux avances sur titres consentis à des particuliers. Les 38 milliards restant ont été prêtés à l'État directement ou indirectement.

La Banque et l'État. — Il n'est pas besoin d'insister davantage pour démontrer que la Banque de France est aujourd'hui presque tout entière au service de ce dernier. Cela était naturel en temps de guerre ; cela doit cesser en temps de paix. Le retour aux conditions normales ne peut naturellement pas s'opérer en un jour : la contraction d'une inflation fiduciaire comme celle qui est indiquée par les chiffres ci-dessus ne doit se faire que graduellement ; l'essentiel est d'entrer dans cette voie et d'exécuter notamment la clause du dernier contrat d'avance intervenu entre la Banque et le ministre des Finances, et d'après laquelle celui-ci doit lui rembourser 3 milliards sur les produits du premier emprunt en rentes consolidées.

La loi du 20 décembre 1918, qui a prorogé le privilège de la Banque jusqu'au 31 décembre 1945, a en même temps approuvé les conventions passées en 1917 et 1918 entre le ministre des Finances et le gouverneur de la Banque. Ces conventions avaient accordé au Trésor 85 p. 100 du produit de l'escompte des bons du Trésor français représentant des avances à des Gouvernements étrangers, 50 p. 100 de l'intérêt de 1 p. 100 perçu sur les avances à l'État : l'intérêt supplémentaire de 2 p. 100 qui va être perçu sera intégralement versé au compte de réserve et d'amortissement institué par la convention du 21 septembre 1914.

Pour la période écoulée entre le 1er août 1914 et le 31 décembre 1917, la Banque versera audit compte spécial une somme de 200 millions. La redevance à payer par la Banque sur le montant de ses escomptes est renforcée à mesure que le taux s'en élève au-dessus de 3,50 p. 100. Par application du principe général, selon lequel l'État a seul droit au bénéfice résultant de ce qu'une partie des billets n'est pas présentée au remboursement, la Banque verse au Trésor une somme représentant le solde des billets des anciens types restant en circulation et dont le remboursement éventuel reste à la charge du Trésor. Toute répartition d'un dividende annuel supérieur à 240 francs net d'impôt oblige la Banque à verser à l'État une somme égale à l'excédent net réparti. La Banque, en un mot, a vu ses bénéfices de plus en plus limités. Elle ne distribue rien à ses actionnaires sur les produits de l'escompte au-dessus de 5 p. 100 : trois quarts de cet excédent sont versés à l'État, un quart ajouté au fonds social.

Les regards de tous ceux que préoccupent les questions économiques devront plus que jamais se fixer sur le bilan hebdomadaire, que la Banque publie tous les jeudis, et qui nous permet de suivre la marche de ses affaires et de celles du pays. Nous devons souhaiter ardemment revoir, au cours des années qui viennent, la circulation et les avances à l'État diminuer, les opérations d'escompte et l'encaisse augmenter. Ce seront là autant de signes infaillibles de notre relèvement financier.

Banque d'Angleterre. — Londres, après comme avant

la Grande Guerre, est un centre économique de première grandeur. Si la Cité avait été quelque peu dépassée par Paris, depuis un quart de siècle, au point de vue de l'ampleur du marché des fonds d'États étrangers, elle n'en conservait pas moins une place prépondérante au point de vue du commerce maritime, du marché des capitaux, de celui d'un très grand nombre de matières premières. L'un des rouages essentiels de ce mécanisme imposant est la Banque d'Angleterre, institut d'émission, dont la fondation remonte à 1694, et qui n'a pas cessé, malgré l'exiguïté de sa base, de servir de régulateur à l'immense mouvement d'affaires dont la capitale anglaise est le centre.

Sans retracer ici les étapes de son histoire une fois et demie séculaire, qui a précédé la loi de 1844, charte moderne de la Banque dans sa forme actuelle, nous exposerons les traits essentiels de ce célèbre *Act*, qui a réorganisé l'établissement de façon à lui assurer un monopole en Angleterre et dans le Pays de Galles, à l'exclusion de l'Écosse et de l'Irlande, qui, en cette matière comme en beaucoup d'autres, ont une législation spéciale.

La Banque d'Angleterre est divisée en deux départements : émission et banque. Le premier est seul chargé de ce qui concerne la création des billets ; il n'est chargé que de cela. La règle très simple qui préside à cette création est que l'émission ne doit dépasser l'encaisse métallique que d'une somme fixe de 11 200 000 livres sterling, représentant la dette de l'État, exigible le jour où cesserait le privilège, et d'une somme de 8 millions, qui correspond au chiffre que la Banque est autorisée à émettre avec une couverture de fonds d'État. En résumé, cela revient à dire que, sauf une somme de 19 200 000 livres, toute la circulation doit être gagée sur du métal. Plus le chiffre de l'encaisse augmente, et plus la proportion de la couverture métallique monte, puisque l'autre partie de la couverture est limitée à une somme fixe. Il en résulte ce fait curieux qu'au lendemain de la Grande Guerre la circulation de la Banque d'Angleterre était plus forte-ment gagée qu'avant. A 100 millions de billets en 1913 correspondaient 82 millions d'or, soit 82 p. 100 En décembre 1925, 145 millions de billets circulant sont couverts par 143 millions d'or, soit 100 p. 100.

Mais tous les billets créés par le département d'émission ne sont pas aux mains du public. Une partie en est détenue par le département de banque de la Banque d'Angleterre elle-même, dont elle constitue la réserve. Et ce qu'il faut bien noter, c'est que, lorsqu'on parle, dans la Cité, de la proportion de la réserve de la Banque, c'est le rapport de ce stock de billets non encore émis aux engagements de la Banque, c'est-à-dire des dépôts du Trésor et des particuliers exigibles à vue, que l'on envisage, et non point celui de l'encaisse à la circulation. Examinons le bilan du 30 décembre 1925, établi en millions de livres sterling (la livre vaut au pair 25 fr. 22; au change environ 130 francs).

Département de l'émission.

Passif.		Actif.	
Billets émis	163	Encaisse or	143
		Dette fixe de l'État	11
		Fonds publics immobilisés.	9
	163		163

Département de la Banque.

Capital de Banque	14	Billets en réserve	18
Bénéfices non distribués.	4	Monnaies métalliques	2
Dépôts du Trésor et d'administrations publiques.	8	Fonds publics disponibles.	64
Dépôts des particuliers	161	Portefeuille et avances	103
	187		187

Si l'on fondait ces deux bilans en un seul, établi sur le modèle de celui de la Banque de France, on aurait les chiffres suivants :

Billets en circulation.....	145	Encaisse métallique......	145
Dépôts du Trésor et des		Fonds publics...........	73
particuliers	169	Dette fixe de l'État......	11
Capital et réserves.......	18	Portefeuille et avances...	103
	332		332

Circulation de la Banque d'Angleterre. ∽ En réalité donc, la circulation est égale à l'encaisse. Il semble extra-ordinaire, au premier abord, que, au cours de la guerre, une situation semblable ait pu se maintenir. Hâtons-nous d'ajouter que la Grande-Bretagne a dû, comme les autres belligérants, augmenter sa circulation à découvert ; mais elle n'a pas voulu que ce fût au moyen de billets de la banque que celle-ci aurait avancés à l'Etat. Elle a entendu maintenir intact le statut et par conséquent la qualité du billet de la « Vieille Dame de Threadneedle Street », comme on l'appelle dans l'argot financier britannique ; elle a laissé à la Trésorerie le soin de créer directement la monnaie fiduciaire supplémentaire dont elle avait besoin. Le total de ces Currency Notes qui s'élevait, le 15 août 1920, à 362 millions de livres était ramené à 296 millions à la fin de 1925, soit environ 7 milliards et demi de francs en comptant la livre au pair. Nous sommes loin des 51 milliards de la Banque de France. Une réserve d'or spéciale de 28 millions et demi de livres avait été cons-tituée pour servir de gage à ces billets du Trésor, émis en coupures d'une livre et d'une demi-livre (10 shillings), alors que la plus petite coupure de la Banque d'Angle-terre est de 5 livres ; cette réserve spéciale est remplacée, depuis mai 1925 par des billets de la Banque d'Angle-terre ; elle s'élevait à 56 millions de livres fin 1925.

Théoriquement, tous les billets sont remboursables en or. En réalité ils ne l'ont pas été depuis le début de 1919 jusqu'au 30 avril 1925 ; pendant cette période il a été interdit aux particuliers d'exporter du métal jaune hors des frontières du Royaume-Uni ; le besoin pour les échanges intérieurs ne s'en est d'ailleurs pas fait sentir. Cet état de fait a déterminé une dépréciation de la livre par rapport à d'autres monnaies, telles que le dollar. A un moment donné, au début de 1920, la livre sterling ne valait plus que 3 dollars 20 cents, alors que le pair est de 4,86. Mais le cours de la livre s'était relevé à 4,79 en avril 1925. Le gouvernement Britannique a donc pu adopter à cette date une série de mesures qui constituent le retour à l'étalon d'or dans les échanges internationaux. Les particuliers peuvent acheter à la Banque d'Angleterre de l'or en lingots par quantité minima de 400 onces, soit 1 700 livres sterling environ, mais ils n'ont pas le droit de faire monnayer cet or. Par contre la Banque n'est plus obligée de rembourser en or ses billets, ni les Currency Notes ; elle en a simplement le droit, si elle le juge à propos. L'or qui sort de la Banque est surtout destiné à soutenir le change ; ces sorties ont dépassé de 11 595 000 livres sterling les entrées d'avril à fin décembre 1925.

États-Unis d'Amérique. ∽ Les États-Unis d'Amérique ont un système complexe, de billets d'État et de banque. Les deux remontent à l'époque de la guerre de Sécession, qui marque pour la Grande République l'origine de son merveilleux développement économique. La Trésorerie des États du Nord, c'est-à-dire de ceux qui allaient remporter la victoire et dont toutes les institutions survécurent à la lutte, créa des billets, que leur couleur fit appeler *greenbacks* (dos verts) et qui circulent encore aujourd'hui pour un chiffre de 346 millions de dollars (le dollar, divisé en 100 cents, vaut au pair 5 fr. 18 et est coté en mars 1926 aux environs de 27 francs). Ces billets, qui eurent pendant longtemps cours forcé, sont aujourd'hui remboursables en or : un fonds spécial de 150 millions de dollars de métal jaune a été constitué à cet effet, et est conservé dans les caves de la Trésorerie, à Washington.

Une seconde catégorie de billets d'État consiste en certificats d'argent créés par la loi Bland de 1878 : ce sont des billets émis en représentation de dollars d'argent, dont la frappe était ordonnée par la même loi, dans le rapport de 16 à 1 vis-à-vis du dollar or. Enfin le Trésor émet des certificats d'or, en représentation de monnaies ou lingots de métal jaune qui lui sont apportés.

Banques nationales et banques fédérales américaines. ⌀ En même temps que la Trésorerie émettait les *greenbacks*, en 1862, une loi autorisait la création de banques dites nationales, à qui le pouvoir d'émettre des billets était accordé, sous condition de gager chaque dollar de billet par une valeur identique, en rentes fédérales. C'est un système à la faveur duquel se sont créées des milliers de banques dites *nationales*, qui fonctionnent librement, à condition de remplir les prescriptions de la loi. La loi est toujours en vigueur, mais, en 1914, une nouvelle législation est survenue, qui a créé douze banques fédérales, installées dans les douze principales villes de l'Union, dont le territoire a été divisé en douze districts correspondants. Le capital de ces banques fédérales a été souscrit en majeure partie par les banques nationales, invitées de la sorte à se survivre en quelque manière dans les nouveaux établissements, dont l'émission se fait d'après des principes entièrement différents de ceux des banques nationales et se rapprochant beaucoup de ceux qui gouvernent les principales banques européennes. Deux cinquièmes des billets doivent être couverts par une encaisse or, le reste par un portefeuille d'effets de commerce escomptés par les banques fédérales. A la tête de celles-ci est placé un conseil (*Federal Reserve Board*), qui a pour mission de coordonner l'action des douze établissements et de faire en sorte que leur aide soit répartie le plus également possible sur tout le territoire de la Confédération. Ces nouvelles venues ont rapidement pris une place considérable dans la vie bancaire des États-Unis et ont, dans une large mesure, substitué leur influence à celle des banques nationales. Voici le bilan du 30 décembre 1925 :

LES DOUZE BANQUES FÉDÉRALES DE RÉSERVE AMÉRICAINES.

Situation au 30 décembre 1925.
(En millions de dollars).

RESSOURCES.		ENGAGEMENTS.	
Or (réserve)	2 705	Capital versé	117
Autres réserves	118	Réserves	218
Encaisse	62	Dépôts du gouvernement	15
Portefeuille d'escompte. Effets garantis par des titres d'emprunts de guerre.	466	Dû aux membres (compte de réserves)	2 309
Autres traites	284	Dépôts à terme	636
Lettres de change achetées sur le marché	363	Autres dépôts	31
Rentes fédérales et bons du Trésor	251	Billets de banques fédérales circulant	1 835
Certificats de dette des États-Unis	127	Divers	22
Immeubles de service	62		
Montants à encaisser	718		
Divers	27		
Total	5 183	Total	5 183

La proportion de l'encaisse or aux dépôts et aux billets est de 64 p. 100.

La création des banques fédérales n'a pas empêché les banques nationales de continuer à se développer. Le 13 janvier 1914, il en existait 7 493, et leurs ressources s'élevaient à 11 milliards de dollars. Le 1er novembre 1918, à la veille de l'armistice, il en existait 7 754 avec 20 milliards de ressources. La circulation des billets, qui est le signe de l'activité des banques nationales en tant qu'établissements d'émission, s'élevait au 10 octobre 1924 à 722 millions. Ces banques remplissent la triple fonction de banques d'émission, de dépôts et d'affaires. Leurs billets sont couverts par des rentes fédérales déposées à la Trésorerie de Washington, où elles constituent le gage direct des porteurs.

Au 30 juin de cette même année 1924, on estimait à 56 milliards de dollars le pouvoir bancaire des États-Unis, c'est-à-dire le capital, les réserves, la circulation et les dépôts. Le nombre des banques était évalué à 30.000. Les dépôts dans les banques qui publient leurs bilans représentaient à eux seuls 46 milliards de dollars. En nous bornant à multiplier ces sommes par 5, c'est-à-dire l'ancienne valeur en francs du dollar, nous arrivons déjà à des sommes qui eussent paru invraisemblables au siècle dernier. Que serait-ce si nous opérions la transformation au change actuel ?

Banque de l'empire allemand. — La Banque de l'empire allemand (*Reichsbank*) est l'une des plus jeunes parmi les institutions d'émission de l'Europe. Elle a été fondée en 1875. Son privilège lui a été conféré une première fois jusqu'à 1890, puis renouvelé à trois reprises, jusqu'à fin 1900, 1910 et 1920. Son capital a été réduit de 180 à 90 millions de marks en octobre 1924, et porté à 300 millions de marks en janvier suivant ; l'autorité suprême est entre les mains du Chancelier de l'Empire, qui préside le curatorium, composé de quatre membres nommés : un par le chef de l'État, trois par le Conseil fédéral (*Bundesrat*). La direction se compose d'un président et de sept membres nommés par le chef de l'État, sur la proposition du Conseil fédéral. L'encaisse doit être égale au moins au tiers de la circulation; la différence doit être représentée par un portefeuille d'effets escomptés.

Au cours de la guerre, ces effets ont consisté en majorité en Bons du Trésor, et l'encaisse s'est composée surtout de Bons des Caisses de prêt, qu'une loi de 1914 a assimilés au métal. Les caisses de prêt ont été organisées dès le début des hostilités, avec mission de faire au public des avances sur titres et marchandises payables au moyen de bons dits *Darlehens-Kassenscheine*. Ces bons ont afflué à la Reichsbank, où ils se transformaient en monnaie, puisqu'ils servaient de couverture aux billets de cette Banque; elle a dû, en outre, escompter les bons du Trésor, de sorte que l'émission de ses billets avait atteint la somme fantastique de 496 millions de milliards de marks à la fin de 1923.

Règles de l'émission allemande. ⟶ En temps normal, la Reichsbank payait à l'État un impôt de 5 p. 100 sur tous les billets dépassant l'encaisse, majorée au préalable d'un contingent fixe de 550 millions de marks. Ainsi, pour une encaisse d'un milliard, la Banque pouvait émettre 3 milliards de billets, dont 1 450 000 000 payaient l'impôt. En temps de guerre cet impôt a été remplacé par une contribution extraordinaire sur les bénéfices. D'autre part, une fois que les actionnaires ont touché 3 1/2 p. 100 d'intérêt sur leur capital, les trois quarts des bénéfices vont à l'État. Par suite du jeu de ces divers prélèvements les actionnaires n'ont vu leur dividende s'accroître que de quelque centimes, alors que l'État a touché des centaines de millions.

A côté de la Reichsbank, les Banques de Bavière, de Wurtemberg, de Saxe et de Bade ont le droit d'émettre des billets, d'après des règles à peu près identiques à celles qui gouvernent l'émission de la première. Mais leur circulation est peu importante et ne joue qu'un rôle effacé dans celle de l'ensemble du pays.

Banque austro-hongroise. ⟶ La banque austro-hongroise, qui avait pris la suite des affaires de l'ancienne Banque privilégiée d'Autriche, était établie sur des bases analogues à celles de la Reichsbank allemande : sa circulation devait être couverte, à concurrence des deux cinquièmes, par une encaisse or. Celle-ci a presque entièrement disparu au cours de la guerre, expédiée en majeure partie à Berlin, où elle servait de gage à des avances consenties par l'Allemagne à son alliée. En même temps, la circulation ne cessait de s'élever jusqu'à atteindre plusieurs centaines de milliards ; aussi le cours de la couronne était-il tombé à peu près à zéro.

Cette Banque a été reconstituée en janvier 1923 sous le nom de Banque Nationale autrichienne ; elle a le droit exclusif d'émettre en Autriche des billets qui ont cours légal. Ses comptes sont établis en schillings (1 schilling = 10 000 couronnes-papier, et 34,58 schillings = 1 livre sterling) et se présentaient comme suit au 31 décembre 1925 :

(En millions de schillings).

Actif.		*Passif.*	
Or	15	Réserve...................	3
Effets sur l'étranger.....	49	Billets en circulation.....	890
Change garanti..........	499	Comptes courants.......	55
Escompte	180		
Avances au Trésor.......	188		

Banque Nationale hongroise. ✍ Cette Banque a été réorganisée en 1924 ; pendant les cinq premières années, ses billets doivent être couverts jusqu'à concurrence de 20 p. 100 par des espèces ou par des traites sur l'étranger. Sa situation était la suivante au 31 décembre 1925 :

En millions de pengo.
(1 livre sterling = 27,82 pengo.)

Actif.		*Passif.*	
Espèces or et argent.....	60	Capital	34 75
Traites et billets étrangers.	207	Billets en circulation..	415
Effets intérieurs, etc.....	134	Comptes courants, etc.	214
Avances au Trésor........	156		

Les espèces et traites sur l'étranger représentaient 60 p. 100 des billets en circulation.

Banque Nationale de Belgique. ✍ La Banque Nationale

de Belgique, au capital de 50 millions de francs, divisés en 50 000 actions de 1 000 francs chacune, a de grandes analogies avec la Banque de France. Fondée en 1850, elle a vu son privilège qui expirait une première fois en 1875, renouvelé par la loi du 20 mai 1872, jusqu'en 1902, puis, par la loi du 26 mars 1900, jusqu'au 1er janvier 1929. L'État reçoit le quart des bénéfices excédant 4 p. 100, ainsi que les intérêts dépassant le taux de 3 1/2. L'ensemble des avantages assurés à l'État fait qu'il touche en moyenne à peu près la même somme que les actionnaires.

Pendant la guerre, la Banque Nationale ayant refusé d'agir sous les ordres de l'envahisseur, ce fut la Société Générale de Belgique qui eut mission d'assurer la circulation fiduciaire du pays. Elle déclara, d'ailleurs, ne vouloir agir que pour compte de la Banque Nationale et se tenir pour comptable, vis-à-vis de celle-ci, de tous les bénéfices qu'elle pourrait réaliser de ce chef. Voici le bilan au 31 décembre 1924 (millions de francs) de la Banque Nationale :

Actif.	1924.	*Passif.*	1924.
Encaisse	376	Capital	50
Portefeuille	1 574	Réserves	56
Avances sur fonds belges	584	Billets en circulation	7 873
Prêts sur avoir à l'étranger	85	Compte du Trésor	2
Dette interprovinciale reprise par l'État	480	Comptes des particuliers	436
		Déposants d'effets à l'encaissement	21
Avances à l'État pour retrait des marks	5 200	Réescompte	5
Fonds publics	159	Compte d'amortissement des immeubles	18
Immeubles et mobilier	35	Institutions de prévoyance	35
Intérêts à recevoir	35		
Valeurs à réaliser	3	Trésor public : dépôts en numéraire	1
Approvisionnements pour la fabrication de billets et des loteries	1	Redevances à l'État	28
		Dividende disponible	7
	8 532		8 532

On remarque, dans ce bilan, une avance de 5 200 millions de francs faite par la Banque Nationale à l'État, pour permettre à celui-ci de procéder au retrait des billets allemands, sous le flot desquels, pendant l'occupation la Belgique avait été submergée. Le Gouvernement belge les reprend au cours de 1 fr. 25 par mark et a reçu des Alliés un droit de préférence pour le recouvrement de cette créance sur l'Allemagne.

Circulation des billets dans le monde. ⟶ Nous ne reproduirons pas d'autres bilans de banques d'émission. Ceux que nous avons mis sous les yeux du lecteur suffisent à lui donner l'idée de l'activité de ces établissements.

Dans le tableau qui suit, nous avons juxtaposé les chiffres de la circulation des principaux pays du monde, à la fin de 1913 et au 31 décembre 1919, ou à une époque voisine de cette dernière date. On embrasse ainsi d'un coup d'œil l'effet de la guerre sur cette branche si importante de la vie économique. La quantité de billets émis a presque décuplé, passant de 33 à 300 milliards de francs. Mais il faut nous hâter d'observer que ce dernier chiffre a été établi sur la base des changes d'avant-guerre, c'est-à-dire en transformant les monnaies étrangères en francs, aux cours de 1913.

Or ces cours n'existent plus. Pour une partie des monnaies, telles que le dollar, la livre, la peseta, la couronne scandinave, le yen, le franc suisse, la conversion en francs au cours réel donnerait des totaux bien supérieurs à ceux qui sont inscrits. Pour le rouble, le mark, la couronne autrichienne, la lire italienne, le résultat était inverse en 1919. Ce volume énorme dé billets exerce une influence perturbatrice sur la vie économique : il est en grande partie la cause de la cherté de la vie.

CIRCULATION DES BILLETS
(En millions de francs).

	Vers la fin de 1913.	Vers la fin de 1919.	Vers la fin de 1925.
Banque de France....................	5 700	37 275	51 085
Banque d'Angleterre (1 l. st. = 25 fr. 22)........................	745	2 300	3 613
Trésor anglais (1 l. st. = 25 fr. 22)..		8 900	7 459
Banque de Russie (1 rouble = 2 fr. 66)[1]........................	4 400	100 000	2 078
Banque de l'Empire allemand (1 mark = 1 fr. 23)........................	3 200	52 000	3 700
Banque Nationale de Belgique.......	1 050	4 786	7 471
Banques d'Italie, de Naples, de Sicile et Trésor italien (1 lira = 1 franc).	1 724	13 000	15 134
Banque des Pays-Bas (1 florin = 2 fr. 10)........................	653	2 100	1 842
Banque d'Espagne (1 peseta = 1 fr.).	1 924	3 850	4 440
Banque Nationale suisse............	314	1 036	876
Banque austro-hongroise (1 cour. = 1 fr. 04)[2]........................	2 600	50 000	1 021
Pays Scandinaves (1 cour. = 1 fr. 40)	690	2 368	1 204
Banques nationales et fédérales américaines (1 dollar = 5 fr. 18)......	3 760	12 200	13 300
Billets d'État américains (1 dollar = 5 fr. 18)........................	4 160	4 200	4 100
Banque du Japon (1 yen. = 2 fr. 56).	1 100	3 960	3 328
Brésil (1 milreis = 1 fr. 60)........	800	1 200	1 163
Banque de la Nation argentine (1 piastre = 2 fr. 10).............	900	1 500	2 800
	33 720	300 675	124 614

Banques de dépôt. ⟿ Si les banques d'émission, dans la plupart des pays, ont des attaches plus ou moins étroites avec le gouvernement, tiennent presque toujours leur investiture de la loi et sont mêlées de façon plus ou moins directe aux finances publiques, il n'en est pas de même

1. Le chiffre de la circulation russe est hypothétique. Il n'existe aucun renseignement précis sur les quantités de billets émis par le gouvernement bolchevick. La circulation fin 1925 est calculée en roubles or.
2. Banques Nationales autrichienne et hongroise.

des banques de dépôt, dont la fonction essentielle est de recevoir de leur clientèle ses fonds disponibles et d'en faire le meilleur emploi possible, tout en se tenant prêtes à les remettre aux propriétaires, lorsqu'ils les réclament.

Ces établissements ont pris, dans les temps modernes, une extension énorme : ils frappent les regards par le nombre et la dimension des édifices qu'ils occupent, par le rôle qu'ils jouent dans les transactions financières de la nation, par la variété des services qu'ils rendent au public : non seulement ils ouvrent des comptes à leurs clients, mais ils se chargent de la garde des titres, de l'encaissement des coupons, des souscriptions aux emprunts ou aux actions de sociétés. Leur activité est dominée par ce fait que ce sont eux qui arrivent à détenir dans leurs caisses une partie importante du fonds de roulement national : les soldes que chacun garde à sa disposition dans les banques constituent précisément ce fonds de roulement.

Dans plusieurs pays, des statistiques publiées régulièrement permettent de suivre les développements des dépôts de banque. Chez nous, les principaux établissements de crédit ont l'habitude de faire connaître tous les mois leur situation sommaire : mais il n'existe pas de document qui groupe les chiffres des bilans de toutes les sociétés anonymes de banque. D'autre part, nous ignorons ceux des maisons particulières. Le total obtenu en additionnant les dépôts révélés par les bilans de nos principales sociétés de crédit de Paris et de la province doit être majoré de plusieurs milliards.

Nature du dépôt de banque. ◇ De même que dans les bilans des banques d'émission, c'est le chapitre des billets qui est le plus intéressant, puisque c'est celui qui indique l'importance de l'instrument de travail de ces établissements, de même, pour les banques de dépôt, c'est celui des sommes à elles confiées par leur clientèle et qui sont inscrites sous les rubriques de comptes de dépôts ou comptes courants créditeurs. Si on analyse au point de vue philosophique, la nature du contrat tacite qui s'établit dans les deux cas entre la banque et le public, on peut dire qu'en matière de banque d'émission celui qui accepte un billet fait passivement crédit à la banque émettrice, en acceptant sa signature à l'égal de monnaie ; en matière de dépôt au contraire, le client prend l'initiative et se dessaisit de lui-même de son capital monnayé, pour le porter à la banque à laquelle il en confie la garde, se réservant de l'en retirer à sa convenance. Dans un système étendu de banques de dépôt, le dépôt arrive à rendre les mêmes services que le billet. Celui-ci, circulant de main en main, transfère, à chaque changement de possesseur, la créance sur la banque dont il émane. De même le titulaire d'un compte de dépôt transfère tout ou partie de la propriété de son dépôt à des tiers : mais, dans ce cas, la banque doit intervenir pour exécuter la transmission, tandis que la simple tradition d'un billet effectue la mutation de propriété au profit du dernier porteur.

Politique des banques de dépôt. ⌒ De même que la banque d'émission doit toujours être prête à rembourser ses billets en numéraire, de même la banque de dépôt doit avoir sous la main les ressources nécessaires pour faire face aux demandes de ses clients. Ceux-ci disposeront le plus souvent sur elle par voie de chèques, créés fréquemment au profit d'autres titulaires de comptes chez le même établissement. Dans ce cas, l'établissement débiteur n'a pas de décaissement à opérer : il se borne à transférer d'un compte à l'autre le montant du chèque. Si le porteur du chèque a son compte chez un autre établissement de la même ville, le règlement se fera par l'intermédiaire d'une chambre de compensation, et, là, encore, il est possible qu'il n'y ait pas d'argent à sortir des caisses de la banque, si elle a, sur l'autre banque, des créances égales à la dette que le porteur de chèque aura vis-à-vis d'elle. La généralisation de l'emploi des comptes de banque doit tendre à simplifier de plus en plus les règlements. Si tous les habitants d'un pays avaient leur compte ouvert dans des banques qui fussent toutes reliées entre elles par une chambre de compensation, tout se passerait en écritures. On n'aurait pas besoin de monnaie, à peine de quelques menues pièces pour les petites transactions de la vie quotidienne.

Développement des dépôts de banque. ⌒ L'humanité évolue évidemment en ce sens. Le nombre de gens qui ont aujourd'hui des comptes de banque est centuple de celui des titulaires de ces mêmes comptes il y a un demi-siècle. Rien d'étonnant dès lors à ce que nous constations d'année en année, un développement rapide de ces dépôts qui hâtent l'avènement de ce qu'on peut appeler le comptabilisme social.

Les banques de dépôt cherchent à employer les fonds qui leur sont confiés de façon à pouvoir en retrouver le plus aisément possible la disponibilité. C'est pourquoi l'usage qu'elles en font le plus communément est de les appliquer à l'escompte des effets de commerce. L'existence d'une banque centrale prête à réescompter ces effets, c'est-à-dire à les reprendre aux banques de dépôt, donne à ces dernières une très grande sécurité : elles peuvent, en effet, dès qu'elles se trouvent en face de retraits, endosser à la Banque de France les lettres de change qu'elles ont en portefeuille et se procurer ainsi les ressources monétaires dont elles ont besoin. L'étude du bilan de l'une de nos plus grandes banques de dépôt nous montrera l'application de ces principes. Avec un ensemble de ressources de plus de 6 milliards, la Société Générale avait, au 31 décembre 1924, un portefeuille d'escompte de 3 199 millions. Le reste était représenté par une encaisse de 817 millions, 402 millions d'avances sur garanties et 1337 millions avancés en compte courant :

Bilan de la Société Générale aux 31 décembre 1919 et 1924

(En millions de francs).

Actif.	1919.	1924.	Passif.	1919.	1924.
Encaisse	287	817	Capital	500	500
Portefeuille	2 799	3 199	Réserve	51	57
Coupons à encaisser	35	88	Comptes de chèques	919	1 390
Reports	8	38	Dépôt à échéance fixe	248	139
Avances sur garanties	321	402	Acceptations	67	159
Comptes courants	987	1 337	Comptes courants	3 054	3 824
Rentes, actions, obligations	69	38	Dividendes à payer	1	2
Participations financières	49	28	Solde antérieur	1	6
Immeubles	57	57	Profits et pertes	21	34
Actionnaires	250	250	Comptes d'ordre		248
Comptes d'ordre		105			
	4 862	6 359		4 862	6 359

Le bilan du Crédit Lyonnais, à la même date, présentait un total légèrement supérieur en 1919 et inférieur en 1924 avec certaines différences. Le portefeuille titres était insignifiant et les participations financières nulles ;

Bilan du Crédit Lyonnais aux 31 décembre 1919 et 1924

(en millions de francs).

Actif.	1919.	1924.	Passif.	1919.	1924.
Espèces en caisse et dans les banques	512	571	Dépôts et bons à vue	1 566	2 106
Portefeuille et bons de la Défense nationale	3 093	3 645	Comptes courants	2 689	3 043
			Comptes exigibles après encaissement	133	98

Actif.	1919.	1924.	Passif.	1919.	1924.
Avances sur garanties et reports......	204	327	Opérations de change à terme garanties.	114	39
Comptes courants........	1 085	1 287	Acceptations...	21	36
			Bons à échéance	37	64
Opérations de change à terme garanties.	114	39	Comptes d'ordre et divers.....	2	3
Portefeuille titres........	5	3	Profits et pertes de l'exercice.	37	44
Comptes d'ordres et divers.	5	5	Profits et pertes (solde antérieur).......	4	4
Immeubles	35	35	Réserves......	200	225
			Capital........	250	250
	5 053	5 912		5 053	5 912

Banques anglaises. — En Angleterre, les *Joint stock-banks* publient des bilans d'un modèle unique, qui permettent des groupements intéressants et des rapprochements instructifs. Voici la situation des vingt-deux principales banques du Royaume-Uni, comparée au 30 juin 1914, au 30 juin 1919 et au 30 juin 1925 (en millions de livres sterling) :

Actif.	1914.	1919.	1925.
Encaisse	135	382	306
Prêts remboursables à première demande	106	358	125
Placements	153	396	376
Portefeuille d'escompte.............	94	229	212
Avances............................	456	659	960
Acceptations......................	37	64	89
Immeubles de service.............	22	23	32
	1 003	2 111	2 100

Passif.

	914.	1919.	1923
Capital versé..................................	52	59	70
Réserves...................................	34	49	61
Billets	5	21	5
Acceptations..............................	37	64	89
Dépôts	875	1 918	1 869
	1 003	2 111	2 100

Au cours de la guerre, l'activité de ces établissements s'est singulièrement accrue et elle s'est maintenue ensuite ; le chiffre de leurs dépôts a plus que doublé ; ils atteignent près de 2 milliards de livres, soit 50 milliards de francs.

Banques allemandes. — Voici quelle était, au 31 décembre 1918, la situation de six principales banques allemandes (en millions de marks valant au pair 1 fr. 23) :

Actif.		*Passif.*	
Encaisse	9 620	Capital	1 185
Titres	28 654	Réserves	1 143
Portefeuille...........	9 823	Billets en circulation..	22 193
Avances	6 208	Acceptations	251
Acceptations	251	Dépôts	31 785
Immeubles	2 170	Bénéfices...............	169
	56 726		56 726

Après l'armistice, les grandes banques allemandes s'étaient encore développées ; elles avaient distribué des dividendes égaux ou supérieurs à ceux qu'elles distribuaient àvant 1914. Elles ont un caractère mixte, comme l'indique leur bilan, et tiennent à la fois de la banque de dépôt et de la banque d'affaires. Elles ont une clientèle considérable et sont intéressées elles-mêmes dans un très grand nombre d'entreprises. Mais la période d'inflation a faussé leur fonctionnement ; le capital de la *Deutsche Bank*, par exemple, était passé à 800 000 milliards de marks en 1923 ; celui de la *Diskonto Gesellschafft* à 682 000

(14)

milliards. Elles ont été réorganisées en 1924 au capital respectif de 150 et 100 millions de reichsmark. Cette première année a d'ailleurs été fructueuse, leurs bénéfices ayant atteint 12 et 9 p. 100. La situation comparée des sept grandes banques allemandes au début et à la fin de 1924 montre quelle a été leur activité.

(En millions de marks).

Passif.

	1er Janvier 1924.	31 déc. 1924.
Capital.....................	474	474
Réserves....................	207	214
Comptes courants............	1 142	3 472

Actif.

Disponible..................	807	2 183
Portefeuille	86	82
Avances.....................	565	1 639

Banques italiennes. ⟿ Les banques italiennes, elles aussi, ont le double caractère d'établissements de dépôt et d'instituts financiers. Elles se sont développées considérablement au cours et au lendemain de la guerre, augmentant leurs capitaux propres, participant de la façon la plus active à l'expansion rapide de l'industrie nationale. Des combinaisons intéressantes ont affirmé cette union, en mettant aux mains des groupes nombreux composés des représentants de presque toutes les branches de l'industrie italienne des quantités importantes d'actions de banque. On les a particulièrement signalés dans l'entourage de la *Banca commerciale italiana* et du *Credito italiano*. Nous reproduisons ci-dessous le bilan de ce dernier établissement, au 31 décembre 1924, qui suffit à donner une idée de son activité (en millions de lire) :

Actif.		Passif.	
Encaisse	459	Capital	310
Portefeuille	297	Réserves	110
Effets à recevoir	2 690	Dépôts	4 882
Avances	2 118	Acceptations	437
Acceptations	437	Effets à payer	222
Débiteurs par garantie	71	Avals	71
Immeubles	13	Bénéfice	53
	6 085		6 085

Banques d'affaires. ∽ La troisième catégorie de banques se distingue des deux premières en ce que l'instrument de travail, qui est le billet pour les banques d'émission et le dépôt pour les banques de ce nom, est ici le capital, lequel, dans les deux premiers cas, ne joue qu'un rôle secondaire. Théoriquement, une banque d'émission et une banque de dépôt peuvent exister sans capital : à la première le billet, à la seconde le dépôt suffisent pour créer des ressources : c'est le public qui les apporte, mais qui peut aussi les reprendre en refusant d'accepter le billet, si le cours forcé n'existe pas, ou en opérant le retrait de son dépôt. Au contraire, la banque d'affaires travaille avec son capital, qu'elle peut engager dans les entreprises sans arrière-pensée, puisque les actionnaires n'ont pas le droit de le retirer. Leur mise sociale est immobilisée pour la durée de la société : elle ne leur donne qu'un droit au prorata des bénéfices.

Dans cette catégorie, plus le capital sera gros, et mieux la banque sera armée. Aussi voyons-nous très peu de ces établissements n'appeler qu'une fraction de ce capital, ce qui est au contraire fréquent chez les banques de dépôt. En Angleterre, c'est pour ainsi dire la règle. Les banques d'affaires, surtout lorsqu'elles ont fait leurs preuves, reçoivent également des dépôts ou tout au moins des versements en compte courant de leur clientèle. C'est une force additionnelle qu'elles acquièrent ainsi et qui leur permet d'étendre leur champ d'action. Mais elles doivent veiller à ce que ces fonds ne soient pas engagés dans des entreprises à longue échéance, qui sont parfaitement admissibles pour les fonds sociaux, c'est-à-dire le capital et les réserves.

Cette catégorie est celle où nous trouvons la plus grande variété d'opérations. Les banques d'affaires sont l'instrument le plus actif de la finance ; elles s'occupent d'emprunts d'État, d'industrie, de commerce ; elles concourent à la formation de sociétés de toute nature. Elles guident le public dans le choix de ses placements : cette partie de leur tâche n'est pas la moins délicate ; pour la mener à bonne fin, les banques d'affaires s'associent souvent aux banques de dépôt, qui sont en contact permanent avec la clientèle des épargnants, notamment par l'intermédiaire de leurs nombreuses succursales. C'est ainsi qu'on voit la Banque de Paris et des Pays-Bas s'allier au Crédit Lyonnais ou à la Société Générale. Les banques de dépôt ont une puissance considérable de placement, par le fait même qu'elles détiennent une partie de l'épargne : c'est pourquoi on les voit fréquemment prêter leur concours à des émissions, notamment de valeurs à revenu fixe, que le public français recherche.

Bilan-type d'une banque d'affaires. ⁓ Voici le bilan aux 31 décembre 1919 et 1925 de la Banque de Paris et des Pays-Bas (en millions de francs).

Actif.	1919.	1925.	*Passif.*	1919.	1925.
Espèces en caisse et à la Banque de France.....	62	300	Capital social	150	200
Fonds disponibles dansles banques et à l'étranger..	69	670	Réserve extraordinaire..........	91	113
Portefeuille effets.	145	859	Réserve légale.....	10	18
Reports...........	42	74	Fonds de prévoyance..........	13	13
Portefeuille titres.	193	209	Effets à payer.....	34	110
Participations ...	39	78	Comptes courants créditeurs	452	2 782

Actif.	1919.	1925.	Passif.	1919.	1925.
Avances sur garanties...........	38	......	Dotation en faveur du personnel...	1	2
Comptes courants débiteurs.......	182	1 157	Opérations de change garanties............	113	22
Coupons à encaisser	19	15	Divers ,.............	29	114
Opérations de change garanties.	113	22	Profits et pertes..	23	36
Comptes divers...	4	16			
Immeubles	10	25			
	916	3 511		916	3 511

L'ensemble des réserves représente les trois quarts du capital, les comptes courants créditeurs s'élevant en 1919 au triple et en 1925 presque à quatorze fois ce même capital. Les opérations de change, dont la bonne fin est garantie par l'État français, et qui figurent à l'actif et au passif pour la même somme, sont un chapitre de guerre qui se retrouve dans le bilan de la plupart des grandes banques françaises : elles ont donné leur concours au Trésor pour les règlements à effectuer à l'étranger. Il est d'ailleurs en voie de disparaître.

Les banques hypothécaires. ⌒ Les banques hypothécaires ont une fonction spéciale, nettement délimitée : elles donnent le crédit foncier, c'est-à-dire qu'elles prêtent aux propriétaires d'immeubles ruraux et urbains, bâtis et non bâtis. La nature spéciale de ces opérations exige un mécanisme particulier. Il ne saurait être question, pour une banque d'émission ou une banque de dépôt, de s'engager dans des opérations de ce genre, puisque les emprunteurs hypothécaires ne sont pas en mesure de rembourser à première demande les sommes qu'ils ont reçues ; ils en paient l'intérêt annuel et restituent le capital à date fixe, au bout d'une période déterminée, où, mieux encore, l'amortissent au moyen d'un versement annuel renouvelé pendant une série d'années qui, grâce au jeu des intérêts composés, réussit à amortir intégralement la dette. Puisque le capital prêté ne rentre ainsi qu'à une date éloignée, le prêteur ne peut consacrer à ces opérations que des sommes dont lui-même aura la disponibilité pour une période au moins aussi longue que celle qui est nécessaire au débiteur pour se libérer.

Cette formule contient en germe toutes les règles qui doivent présider à l'organisation des banques hypothécaires. Celles-ci, pas plus que les banques d'émission et de dépôts, ne travaillent avec leur capital. Elles ont à se procurer des ressources. Elles le font au moyen de l'émission d'obligations foncières, portant parfois le nom de lettres de gage, qu'elles s'engagent à rembourser dans les délais assignés par elles-mêmes à leurs emprunteurs : elles font coïncider les dates de ces opérations, de façon que les rentrées provenant des remboursements de prêts leur permettent d'éteindre les obligations qu'elles ont elles-mêmes contractées.

Ce n'est pas seulement au point de vue du temps que les banques hypothécaires doivent se préoccuper d'équilibrer leurs prêts et leurs emprunts : les taux d'intérêt des uns et des autres doivent être combinés de façon que l'établissement ait une marge suffisante pour payer ses frais généraux, effectuer le service de ses obligations et servir un dividende à ses actionnaires.

Crédits fonciers privilégiés. ⌒ La nature délicate de ces opérations a souvent amené le gouvernement à les confier à des établissements dotés de certains privilèges à cet effet, mais soumis en retour à un certain contrôle ou à une surveillance officielle. Tel est le cas de notre pays, où le Crédit Foncier de France, fondé sous le Second Empire, vers le milieu du siècle dernier, a reçu de la loi non pas un monopole, mais des droits spéciaux : les formalités d'exécution des immeubles qui servent de gage à ses prêts sont simplifiées ; d'autre part, l'établissement a reçu l'autorisation d'émettre des emprunts à lots, qui lui coûtent un intérêt moins élevé que les obligations ordinaires et lui permettent dès lors d'offrir à ses emprunteurs des conditions plus avantageuses. Le capital actions du Crédit Foncier de France ne représente d'ailleurs que le vingt-cinquième de celui des obligations qu'il a émises et qui se divisent en deux grandes catégories : les obligations foncières, dont le produit sert à faire des prêts gagés sur immeubles à des particuliers ou à des Sociétés privées, et les obligations communales, destinées à former les fonds que le Crédit Foncier est autorisé à avancer aux communes.

Voici comment se présentait le bilan du Crédit Foncier de France, aux 31 décembre 1919 et 1924 (en millions de francs) :

Actif.	1919.	1924.	*Passif.*	1919.	1924.
Espèces en caisse et à la Banque de France......	7	8	Capital.........	262	300
Effets et valeurs diverses......	454	900	Réserve........	22	25
Trésor public...	30	39	Provision pour l'amortissement des emprunts......	327	422
Avances ou dépôts de titres.	28	12	Réserves et provisions diverses.........	121	174
Correspondants.	34	6	Dépôts en comptes courants..	104	131
Banque hypothécaire en liquidation....	23	»	Correspondants.	57	52
Prêts hypothécaires et communaux.....	5 715	9 219	Sous - comptoir des entrepreneurs........	3	5
Immeubles acquis par expropriation..	2	1	Versements différés sur prêts.	241	828
Immeuble du siège social...	23	25	Obligations foncières........	2 838	3 027
			Obligations communales.	2 216	5 020

Actif.	1919.	1924.	Passif.	1919	1924.
Divers	28	57	Bons à lots....	46	80
Intérêts acquis non échus...	108	89	Obligations à rembourser et intérêts échus.	80	58
Dépenses d'administration	9	22	Semestres d'annuités anticipés	3	4
			Divers	53	65
			Intérêts dus et non échus...	59	123
			Profits et pertes.	29	65
	6461	10 379		6 461	10 379

Banques hypothécaires. ↶ Dans la plupart des autres pays, on ne se trouve pas en face d'un établissement unique privilégié. Mais le législateur intervient souvent pour édicter des règles communes à toutes les banques se livrant à ce genre d'opérations. C'est ainsi qu'en Allemagne il existe une quarantaine de banques hypothécaires (*Hypotheken Banken*), qui avaient émis, avant la guerre, des obligations pour environ 12 milliards de marks. Ces banques ont été atteintes par la dépréciation du mark ; la loi de valorisation du 16 juillet 1925 a fixé leurs créances à 25 p. 100 de leur valeur originaire en marks or et annulé les remboursements faits en papier par leurs débiteurs après le 15 juin 1922. Aux États-Unis, les *Mortgage Banks* sont très répandues, mais sont loin d'être seules à pratiquer le prêt foncier, très en faveur chez les banques d'épargne (*Savings Banks*) et chez les compagnies de prêts et de fidéicommis (*Loan and Trust Companies*) de la Confédération. D'après la dernière statistique, le montant des prêts hypothécaires faits par ces divers établissements atteignait environ 30 p. 100 de l'ensemble des prêts de diverse nature consentis par les 21 000 banques américaines autres que les banques nationales et les banques fédérales.

Banques populaires. — En dehors des quatre grandes catégories de banques, nous mentionnerons les banques populaires, dont nous ne ferons pas l'objet d'une étude spéciale, parce que rien dans la nature de leurs opérations, ne les distingue essentiellement des banques de dépôt, dont elles ne sont qu'une variante. Elles reçoivent, en effet, des dépôts de leur clientèle ; elles escomptent son papier et lui consentent des avances. Leur caractère particulier résulte de la modicité de leur capital, de la qualité de leurs actionnaires appartenant au monde des ouvriers agricoles ou urbains, du fait que beaucoup d'entre elles ne font d'affaires qu'avec leurs actionnaires. Les deux pays où ces établissements se sont le plus développés sont l'Allemagne et l'Italie. La première compte un très grand nombre de banques *Raiffeisen* et *Schultze-Delitsch*, ainsi désignées d'après le nom des hommes qui en ont conçu l'organisation et qui l'ont réalisée. En Italie, l'un des principaux promoteurs des banques populaires a été le grand économiste Luzzatti, qui est un véritable apôtre en la matière et qui a réussi à faire d'un certain nombre de ces banques de puissants organismes, au capital de plusieurs millions.

Avenir des banques. — Ce court aperçu de l'activité bancaire dans le monde fait toucher du doigt l'importance de ce rouage dans la vie financière publique et privée. Les banques d'émission jouent un rôle essentiel dans la constitution monétaire des États, dans les mouvements des changes, dans la marche générale des affaires. Les banques de dépôt, gardiennes de l'épargne, sont les auxiliaires au premier degré des commerçants, des industriels et des agriculteurs ; les banques hypothécaires facilitent les opérations immobilières dont l'importance pour le bien-être des populations est apparue depuis la guerre avec une intensité que beaucoup d'hommes ne soupçonnaient pas : la crise du logement, de l'habitation est en rapports intimes avec les questions de crédit immobilier. Enfin les banques d'affaires rayonnent dans tous les sens de l'activité économique ; par la souplesse de leur organisation, elles se prêtent aux combinaisons variées qui, dans les domaines les plus divers, sont de nature à susciter les initiatives, à encourager les efforts, à promouvoir les entreprises nouvelles.

Les banques bien gérées ont devant elles un avenir intéressant. Aussi les actions de ces établissements sont-elles recherchées comme placement par les épargnants, qui ont vu, dans beaucoup de cas, le capital originaire s'accroître régulièrement, notamment par la formation de réserves qui constituent un véritable capital additionnel.

CHAPITRE VIII

FORTUNE PRIVÉE ET FORTUNE PUBLIQUE

PATRIMOINE D'ÉTAT. ‖ ÉVALUATION DES VALEURS
MOBILIÈRES ET DES IMMEUBLES. ‖ RELATIONS
INTERNATIONALES. ‖ POINT DE VUE POLITIQUE.
RISQUES DE CHANGE. ‖ SUPÉRIORITÉ DE L'ACTION
INDIVIDUELLE. ‖ LES VALEURS ÉTRANGÈRES
PENDANT LA GUERRE.

LE problème qui se pose au seuil de la troisième partie de notre étude est celui de la détermination de ce qui correspond à ces expressions constamment employées: fortune publique, fortune privée. Si les hommes croient avoir des idées précises au sujet de la seconde, — et ils se font souvent des illusions à cet égard, — il suffit de chercher à se représenter clairement la première pour comprendre la difficulté de la question. Qu'entend-on par fortune publique d'un pays? Est-ce l'addition des fortunes particulières de ses habitants et des biens existant à l'intérieur qui, n'ayant pas été attribués à des individus, sont en la possession de l'État? Ou bien faut-il entendre par fortune nationale exclusivement les objets qui rentrent dans cette seconde définition, c'est-à-dire les routes, les voies navigables, les bâtiments publics, les chemins de fer lorsqu'ils appartiennent à l'État, les terres qui n'ont pas de propriétaire individuel? Si l'on restreint ainsi la définition, on voit quelles précisions il faudra apporter dans la comparaison des différents pays. Voici, par exemple, d'un côté la Grande-Bretagne, qui ne possède pas un kilomètre de chemin de fer, ni une mine, et de l'autre la Prusse, qui a 40 000 kilomètres de voies ferrées, devenues depuis peu propriété de l'Empire, de nombreux gisements métalliques et houillers. Faudra-t-il conclure de ce rapprochement que la Prusse est plus riche que l'Angleterre? Personne ne le pensera.

En réalité, ce qu'il faut considérer, c'est l'ensemble des biens qui existent sur le territoire d'un pays, en y ajoutant ceux qui, situés au dehors, sont la propriété des citoyens de ce pays. Peu importe, à ce point de vue, que les biens soient possédés par l'État ou les particuliers. Les chemins de fer anglais, propriétés particulières, comptent au nombre des éléments de la fortune britannique, aussi bien que les lignes prussiennes, possédées et exploitées par l'État. Au point de vue économique, il n'y a pas de différence, mais il y en a au point de vue statistique et au point de vue budgétaire. La recette des chemins d'État entre directement dans les caisses du Trésor, tandis qu'il a recours à l'impôt pour faire contribuer les entreprises privées aux charges publiques.

Ce que nous venons de dire répond à la question que nous posions au début de ce chapitre. La fortune d'un pays, c'est l'ensemble des richesses qui existent sur son territoire, plus celles qui, situées au dehors, sont dans le patrimoine de l'État ou dans celui de ses citoyens.

Dangers du patrimoine d'État. — Si l'on est d'accord sur ce point, on en tirera des conclusions très importantes au point de vue de la politique générale ; on y trouvera des arguments contre la tendance au développement du domaine de l'État et à l'institution de monopoles de tout genre en sa faveur. Puisque la possession des richesses par les individus n'empêche pas l'État d'en obtenir tout ce dont il a besoin pour son budget, il ne reste à se demander qu'une chose : « Entre les mains de qui les richesses donnent-elles un meilleur revenu, celles des fonctionnaires ou celles des particuliers? » L'expérience universelle nous apprend que le stimulant de l'intérêt personnel est incomparablement plus efficace, à ce point de vue, que celui du devoir professionnel; elle nous apprend surtout que la liberté d'action permet d'obtenir des résultats interdits à la paralysie administrative. Alors même que les serviteurs de l'État sont animés des meilleures intentions, ils sont emprisonnés par les règlements et les complications hiérarchiques, par l'impossibilité où ils se trouvent de prendre des initiatives ; de ce chef seul, ils sont en état d'infériorité. Le même homme, mis à la tête d'une entreprise privée ou d'un service public, agira différemment et obtiendra dans le premier cas des résultats très supérieurs à ceux qu'on peut attendre de lui dans le second.

Statistique. ⌒ Comment dresser la statistique des fortunes? Les États-Unis ont adopté un système logique, qui préside à la confection de leur *Census*, c'est-à-dire du recensement périodique des ressources de la grande République d'outre-mer. Ils partent de ce principe qu'il faut évaluer les choses elles-mêmes et non pas les titres qui les représentent. C'est ainsi qu'ils inscriront à l'actif des États-Unis la valeur estimative des 400 000 kilomètres de voies ferrées qui les sillonnent, avec leur équipement, leurs gares, leur matériel roulant, et non pas les actions ni encore moins les obligations des compagnies qui les exploitent. C'est ainsi que nous y voyons figurer les usines pour la valeur de leurs constructions, de leurs terrains, de leur outillage et non pour celle des titres des sociétés anonymes qui les possèdent.

Ce système ne fait pas entrer les fonds publics nationaux dans la somme de la fortune — et cela est logique : ces titres de rente constituent bien en effet un élément de la fortune individuelle des citoyens qui en sont détenteurs ; mais ils sont une charge équivalente pour le Trésor public, à qui l'ensemble des contribuables doit, tous les ans, verser la somme nécessaire pour assurer le service de la Dette publique. Celle-ci représente donc un actif et un passif qui, au point de vue de la fortune générale du pays, se compensent exactement. Il en est de même des obligations émises par les sociétés particulières : elles constituent un avoir pour ceux qui les possèdent, mais un passif pour les sociétés elles-mêmes ; en évaluant les propriétés de celles-ci, on devra donc retrancher des sommes qu'elles représentent le montant des obligations qui les grèvent, si on fait entrer ces obligations dans l'évaluation de la fortune générale.

Évaluation des valeurs mobilières. ∽ Il y a de très grands inconvénients à fonder une statistique de la fortune sur le recensement des valeurs mobilières. Il faut en premier lieu en exclure totalement les fonds indigènes, tels que rentes d'État, bons du Trésor, obligations municipales et départementales. Au contraire, les fonds d'État étrangers et d'une façon générale tous les titres étrangers possédés par des nationaux constituent un élément indiscutable de la richesse publique. Nous examinerons ailleurs les avantages et les dangers de ces placements : mais il est indéniable que ces créances, détenues par des nationaux, sur des débiteurs du dehors, ces parts de propriété qu'ils ont dans des entreprises étrangères, sont un actif net.

Il en est de même des actions d'entreprises indigènes dans le système qui n'évalue pas directement les entreprises elles-mêmes : mais ici se présente la grande difficulté de la fixation des prix, qui est commune à toutes les valeurs mobilières.

Le problème du cours auquel on les comptera est malaisé à résoudre. Il ne semble pas y avoir de difficulté pour les titres cotés sur les marchés publics qu'on appelle bourses. Mais, même dans ce cas, simple en apparence, il y a bien des réserves à formuler sur l'adoption d'un prix déterminé. Les fluctuations sont incessantes, et, selon la date que l'on choisira, on se trouvera en présence d'écarts souvent considérables. Même pour les valeurs inscrites à la cote, il arrive que beaucoup d'entre elles ne donnent pas lieu à des échanges quotidiens. Des cours peuvent être inscrits accidentellement, qui ne répondent pas toujours au mérite intrinsèque du titre. Le procédé logique consisterait à déterminer la valeur d'une action d'après le bilan de la société : mais le bilan peut être difficile à analyser. D'autre part, dans le prix que le public attribue à une action, dans la prime qu'il paie parfois pour l'obtenir, il entre une part d'impondérable, un élément d'espoir, de confiance en la gestion de l'entreprise, d'escompte de bénéfices futurs, qui correspond à des éléments moraux et non pas numériques.

Évaluation des immeubles. ⌒ Si l'on se heurte à de grandes difficultés pour l'évaluation de la fortune dite mobilière, il en existe d'aussi grandes pour celle de la fortune immobilière. Et ici nous ferons une observation générale qu'il faut avoir présente à l'esprit en cette matière : une partie de ce qu'on appelle la fortune mobilière n'est autre chose que la représentation d'immeubles. Qu'est-ce, par exemple, que l'action d'une houillère, d'une usine, sinon une part de propriété du sol, du sous-sol, de bâtiments ? Dès lors, il ne faut pas se laisser aller à la conception que, dans le monde moderne, les valeurs mobilières ont pris une importance démesurée par rapport aux biens fonciers. Elles n'en sont souvent que l'image ; elles n'ont de valeur que par ce qui est à la base. Leur multiplication a eu deux effets principaux : elles ont, par le fractionnement en de nombreux titres de propriété, permis l'accès de cette propriété aux plus petites bourses ; elles ont facilité, dans une mesure inconnue auparavant, les échanges de ces titres par l'ouverture quotidienne de marchés sur lesquels ils s'échangent régulièrement.

Circulation des richesses. ∽ Cette facilité de la circulation de la richesse est un des traits de l'économie moderne. L'incroyable multiplication des moyens de transport des personnes physiques paraît s'être étendue à leur fortune. Que l'on réfléchisse à ce qui constituait il y a deux siècles le patrimoine des familles, et qu'on le compare à ce dont il se compose aujourd'hui : on se rendra compte du chemin parcouru. La terre était alors la pierre angulaire des fortunes ; elle se transmettait à travers les générations successives ; il s'y ajoutait quelques rentes sur l'État ou sur des particuliers. La noblesse et la haute bourgeoisie ne connaissaient guère d'autres sources de revenus. Aujourd'hui, le Code civil, qui veut l'égalité entre les enfants, amène le morcellement des héritages. Même les fortunes industrielles sont dans ce cas, et c'est pour obvier en partie à ce danger que la plupart des grandes affaires minières, métallurgiques et autres, se sont constituées en sociétés par actions, de façon qu'à la mort du fondateur il n'y ait pas liquidation. La société anonyme est un mode de rétablissement de la mainmorte : on peut lui donner une durée aussi longue qu'on le veut. Mais on n'échappe pas pour cela à l'impôt, car le droit de succession est remplacé par des taxes annuelles de mutation qui assurent au fisc l'équivalent de ce qu'il aurait prélevé lors du changement de propriétaire. Si les titres sont nominatifs, le fisc perçoit un droit lors de chaque transfert.

Relations internationales. ∽ Le problème des valeurs mobilières se complique lorsque, au lieu d'envisager les titres nationaux, on se trouve en face de titres étrangers. C'est un phénomène moderne que ce débordement des intérêts au delà des frontières et la recherche, par un grand nombre de particuliers, de placements à l'étranger,

Non pas que les rapports financiers entre peuples soient une nouveauté ; peut-être même ont-ils été beaucoup plus actifs dans l'antiquité qu'au cours de la première partie de l'ère chrétienne. Mais aujourd'hui la facilité des communications est devenue telle que les hommes des conditions les plus modestes ont le moyen de connaître et d'acquérir des valeurs étrangères dont leurs pères ignoraient l'existence. A travers ces valeurs et par leur moyen, d'incessantes migrations de capitaux ont lieu sur toute l'étendue de la planète. Elles s'opèrent généralement de pays riches à pays moins fortunés, et cela d'une façon très simple, par l'acquisition de rentes, d'actions ou d'obligations. Il est peu de pays qui aient pratiqué cette politique aussi largement que le nôtre. Au cours du dernier demi-siècle, la France a exporté des milliards qu'elle a dispersés dans de nombreuses régions. Les motifs de cette tendance ont été de deux ordres : économique et politique. Le taux des placements en France, à partir de 1880, a décru dans des proportions sensibles. Les fonds publics, qui se capitalisaient à 6 p. 100 au lendemain de la guerre de 1870, ont monté rapidement et n'ont plus donné à la fin du XIXᵉ siècle qu'un revenu de 3 p. 100. Il en était de même pour les valeurs favorites de l'épargne, telles que les obligations de la Ville de Paris, des grandes compagnies de chemins de fer, du Crédit Foncier de France. Les épargnants furent amenés à tourner leurs regards d'un autre côté et prirent l'habitude d'acheter de plus en plus de fonds d'États étrangers, ce qui se faisait déjà auparavant, et aussi des actions et obligations de sociétés étrangères de banque et d'industrie, espérant trouver dans ces divers placements un revenu plus élevé qu'en France. Les cotes de Paris et de certaines métropoles provinciales, telles que Lyon, se sont enrichies, au cours de cette période, d'une très grande quantité de valeurs étrangères.

Placements étrangers. ⸎ Des discussions très vives

se sont élevées au sujet de ces placements. On leur a reproché de déterminer l'exode de capitaux indigènes et de priver ainsi les entreprises nationales de concours qui auraient pu leur être utiles : on a été jusqu'à accuser ceux qui les pratiquèrent de manquer de patriotisme et de fournir à d'autres nations des ressources qui pourraient un jour se tourner contre nous. A ces critiques on a répondu que les capitaux français émigrent pour trouver une rémunération plus élevée et ne font ainsi qu'obéir à une loi économique, qui agit à la manière de la loi physique des vases communicants.

A ce sujet il convient de rappeler qu'en matière de placement la question de rendement n'est pas la seule qui se pose et que celle de là sécurité est encore plus importante. Que sert-il, en effet, d'obtenir pendant quelques années un intérêt élevé si, au bout d'une période plus ou moins courte, le capital lui-même est en danger et le débiteur hors d'état de le rembourser, ou de continuer le service de l'annuité? La difficulté qu'il y a à contrôler la situation de l'emprunteur étranger et à exercer éventuellement une contrainte sur lui pour l'obliger à exécuter des engagements est un gros inconvénient de ce mode de placement ; il exige une connaissance approfondie des éléments qui entrent en ligne de compte pour déterminer la valeur d'une signature.

Point de vue politique. ◇ La question présente un côté politique très important. Il est bien évident que le pays qui apporte des capitaux à un autre lui rend service et doit, par conséquent, se préoccuper des rapports présents et futurs des deux nations. Il est naturel de soutenir un allié et d'éviter de donner des armes à un ennemi. C'est ici que se fait sentir l'action du gouvernement, qui, d'une façon générale, se réserve un droit de contrôle sur l'introduction des valeurs étrangères en France et qui peut notamment opposer son *veto* à l'admission à la cote des fonds d'État. On l'a vu aussi user de son influence pour pousser les établissements de crédit à ouvrir leurs guichets aux souscriptions de certaines rentes, lorsqu'il considérait qu'il y avait un intérêt diplomatique à favoriser ces émissions. On sent toute la responsabilité que prend le cabinet qui engage ainsi l'argent des citoyens dans une certaine direction. La solidité financière d'un allié peut ne pas être égale à la nôtre. Les nationaux, en cas de difficultés, rendront le gouvernement responsable des mécomptes auxquels ils se heurteront, des pertes qu'ils subiront. Et cependant il était naturel qu'une partie de notre force financière fût mise au service de nos alliés, de la Russie par exemple, dont les budgets pendant un quart de siècle, de 1888 à 1913, se sont étayés sur l'épargne française. La solidarité financière des deux pays est apparue au cours de la dernière guerre, lorsque la France a consenti des avances au gouvernement russe et a accepté certains coupons de fonds russes en paiement de ses propres rentes, lors d'une dernière émission publique de celles-ci.

Nous n'avons pas à insister ici sur ce côté de la question. Sa gravité n'échappera pas à nos lecteurs, non plus que la complication qui résulte du fait que l'intérêt politique peut ne pas se trouver en parfait accord avec les considérations financières pures. Celles-ci pourraient être de nature à détourner nos nationaux de faire certains placements d'une sécurité discutable, tandis que des raisons supérieures les leur conseilleraient.

Risques de change. ⟶ Faisant abstraction des risques qu'impliquent d'ailleurs, à des degrés divers, toutes les acquisitions de valeurs mobilières, nous sommes amenés à envisager une autre face du problème. En principe, la possession de valeurs étrangères par ses nationaux doit avoir la conséquence heureuse pour un pays de lui fournir du change par l'encaissement régulier des coupons, par le remboursement des capitaux prêtés lorsqu'ils deviennent exigibles et enfin par la vente des valeurs *sur des mar-*

chés étrangers. Ce dernier point suppose, ce qui semble d'ailleurs logique, que les valeurs étrangères, acquises par des Français, soient cotées au dehors, en premier lieu dans leur pays d'origine, de façon qu'en cas de besoin ils puissent réaliser en monnaie étrangère le prix de leurs titres.

Mais il est loin d'en être toujours ainsi. Les nations emprunteuses créent souvent des emprunts extérieurs, c'est-à-dire libellés en monnaie du pays prêteur, parce que celui-ci ne veut pas s'exposer au risque des fluctuations de valeur de la monnaie du pays emprunteur, et qui n'ont dès lors de marché qu'aux bourses de ce prêteur. C'est ainsi que des milliards de fonds russes, dont les coupons et l'amortissement sont payables en francs, ne sont pas négociables à Pétrograd ni à Moscou, mais seulement à Paris. Le gouvernement moscovite est bien tenu de fournir annuellement les fonds nécessaires au service des coupons et de l'amortissement. Mais les porteurs de ces rentes, lorsqu'ils veulent les réaliser, ne peuvent le faire qu'en France. Dès lors, ce n'est plus une réserve de change que les fonds russes constituent pour nous, au moins en ce qui concerne le capital. Les mêmes observations s'appliquent à des actions ou obligations de sociétés étrangères. Beaucoup de ces titres ont été placés à Paris et n'ont de marché qu'en cette ville : même dans leur pays d'origine, là où se trouvent les exploitations, ils ne sont pas négociables. Des placements de cette nature ne peuvent pas être considérés comme une réserve de change au même titre que ceux qui consistent en rentes, actions ou obligations se négociant sur les places étrangères et pouvant aisément y être transformés en monnaie.

Supériorité de l'action individuelle. ∽ Une fois de plus apparaît ici la supériorité de l'action individuelle sur celle de l'État. Les particuliers achètent souvent, de leur ropre initiative, en dehors des frontières de leur pays des titres qui répondent à la définition que nous venons d'en donner, par exemple des obligations de chemins de fer américains, valeurs de premier ordre ; elles n'avaient jamais été cotées en France, parce que nos lois fiscales imposent des charges annuelles très lourdes aux sociétés qui veulent obtenir cette cote, et que c'est précisément en raison inverse de leur qualité qu'elles se montrent désireuses de s'ouvrir des débouchés chez nous.

Les valeurs étrangères pendant la guerre. ○ Lorsque, au cours de la guerre, les Trésors français et anglais ont recherché des valeurs susceptibles d'être remises par eux en nantissement à des prêteurs du dehors, ils les ont trouvées en partie dans les portefeuilles de leurs nationaux qui avaient, pendant la période de paix, acquis des titres étrangers. Ce fut une démonstration de l'utilité que présentent ces placements, puisque, au moment de la crise, qui nécessitait une augmentation énorme de nos importations, ils fournissaient à l'État le moyen d'acquitter quelques-uns des milliards exigibles pour le paiement des armes, des vivres, des munitions que nous faisions venir du dehors. Ajoutons que la possession d'une quantité appréciable d'actions dans une entreprise étrangère nous donne le droit d'y intervenir, l'occasion d'exercer une influence légitime sur sa conduite, le moyen d'y placer des ingénieurs, des directeurs. Ce sont là des débouchés intéressants ouverts à notre jeunesse, qui peut ainsi se faire connaître et apprécier, qui crée, dans les milieux où elle agit, une atmosphère favorable à la France, élargit sa clientèle et prépare les voies à des développements futurs de notre commerce et de notre industrie.

CHAPITRE IX

LE BUDGET, LES IMPOTS

DÉPENSES *publiques.* ⟞ Chaque citoyen s'occupe avant tout de son budget personnel, c'est-à-dire de l'équilibre à établir entre ses recettes et ses dépenses. Mais, dans ce compte, il doit faire une part de plus en plus large à l'impôt, c'est-à-dire à la contribution qu'il fournit aux dépenses publiques. Celles-ci, déjà lourdes avant 1914 dans la plupart des pays civilisés, ont, depuis et par la guerre, subi un accroissement formidable. Pour les principaux belligérants, le chiffre va passer du simple au triple ou peut-être au quadruple. On se demande comment pourront être supportées des charges pareilles. Chacun de nous comprend qu'il doit en prendre sa part, puisque ces dépenses ont été faites dans l'intérêt commun. Celles de la guerre ont eu pour but de défendre notre territoire et notre liberté contre le plus odieux des attentats. Il est juste que ceux dont l'existence morale et matérielle a été sauvée par l'effort du pays consacrent une partie de leur travail à rembourser la dette contractée par l'État pour les nécessités de la lutte.

Établissement du budget. ⟞ Voyons comment se présente la question dans le débat qui s'engage ainsi entre le Trésor public et les citoyens.

Ce qu'on appelle le budget d'un État est le compte annuel de ses recettes et de ses dépenses. Au rebours de ce que font les particuliers, qui règlent les secondes d'après les premières, l'État s'occupe d'abord d'entreprendre tout ce qu'il croit être de son ressort, quitte à réunir ensuite les ressources nécessaires.

Ce mode de construction du budget est la source d'une infinité de maux. Si, avant de confier un service et surtout une exploitation industrielle à l'État, on se préoccupait de savoir quel en sera le résultat financier, on hésiterait, dans bien des cas, à le faire. Au contraire, on décrète la mesure, et bien souvent les résultats restent cachés aux yeux du public. Ce n'est qu'au bout de longues années qu'apparaît dans la comptabilité le déficit engendré par le législateur imprudent. C'est ainsi qu'en France l'exploitation des chemins de fer de l'État s'est, dès le premier jour, soldée par une insuffisance qui n'a cessé de s'aggraver. C'est ainsi que les recettes des postes, télégraphes et téléphones, ont causé, dans les dernières années, un déficit énorme, que les élévations successives de taxes, votées en mars 1920 et ultérieurement, ne combleront qu'en partie. Les résultats de beaucoup d'entreprises étatistes sont dissimulés dans les arcanes du budget, inaccessibles à la foule, et où s'enterrent bien des erreurs et bien des prodigalités. Une étude approfondie de ces comptes est la meilleure préparation à la vie politique ; elle est négligée par la majorité des candidats.

Les ressources normales sont fournies par l'impôt et d'autres rentrées annuelles, telles que produits du domaine public, des monopoles, des exploitations industrielles de l'État. Mais il arrive fréquemment que ces rentrées sont insuffisantes, soit que la force contributive des citoyens soit inférieure aux besoins budgétaires, soit que les ministres des finances craignent de faire appel à la taxation dans une mesure qui soulèverait les protestations, bien ou mal fondées, des contribuables et les forcerait à se rendre compte de la nécessité de changer de politique. En ce cas, l'excédent des dépenses sur les recettes est couvert au moyen de l'emprunt. Le développement moderne du crédit a permis aux dettes publiques de prendre un développement qu'on peut qualifier d'invraisemblable.

Au cours de la dernière guerre, elles ont, pour certains belligérants quintuplé, décuplé. C'est que les dépenses militaires ont soudainement pris une extension telle qu'il était impossible de les couvrir au moyen des impôts.

Emprunts. — Les emprunts sont de quatre espèces :

1° *Rentes perpétuelles*, c'est-à-dire promesse de l'État de payer une rente annuelle, sans engagement de sa part de rembourser le capital;

2° *Rentes amortissables*, dont le remboursement est prévu dans un délai plus ou moins long, trente, quarante, quatre-vingts ans, soit au moyen de tirages au sort, soit par des rachats sur le marché ;

3° *Bons du Trésor* à court terme, c'est-à-dire payables à des échéances variant de trois mois à cinq ou parfois dix ans, constituant ce qu'on appelle la Dette flottante ;

4° *Billets sans intérêts* émis directement par le Trésor ou, pour son compte, par une banque d'émission.

Dans ce dernier cas, la dette de l'État apparaît sous la forme d'une avance à lui consentie par l'établissement émetteur des billets. C'est ainsi qu'à la fin de l'année 1925 l'État français était débiteur vis-à-vis de la Banque de France d'une somme de 36 milliards de francs.

Cette dernière forme d'emprunt semble, à première vue, tentante, puisqu'elle dispense l'État de la charge du service annuel du capital : les billets circulent, en effet, dans la presque totalité des cas, sans impliquer pour l'émetteur l'obligation de payer un intérêt. Mais l'État ne se borne pas à demander au public de lui fournir, en échange de sa signature ou de celle de la Banque, les sommes dont il a besoin. Il prétend donner à cette signature la force d'une monnaie libératoire ; il supprime l'obligation pour le créateur du billet de le rembourser. Il augmente ainsi, dans une proportion souvent démesurée, la quantité de monnaie en circulation et provoque par là une hausse désordonnée des prix de toute chose.

Service de la Dette. ⟶ Déjà, dans le passé, le service de la Dette tenait une place importante dans les dépenses de la nation. Nous savons la part proportionnelle qu'elle y occupait ; elle n'avait jamais atteint les chiffres des budgets de l'après-guerre.

Aux budgets de 1913, 1920 et 1925, les dépenses publiques se répartissaient comme suit (en millions de francs)

RÉPARTITION DE 1913.	Millions de francs.	Pourcentage du total.
Dette publique......................................	1 290	27,6
Pouvoirs publics (présidence de la République, Parlement)...........................	20	0,4
Services généraux des ministères............	2 685	58
Frais de régie, de perception et d'exploitation des impôts et revenus publics..........	622	13
Remboursements, restitutions et non-valeurs.	47	1
	4 664	100

RÉPARTITION DE 1920.	Millions de francs.	Pourcent.
Dette publique......................................	9 360	37
Guerre et Marine.................................	3 321	13
Administrations civiles.......................	5 181	20
Budget extraordinaire........................	7 568	30
	25 430	100

RÉPARTITION DE 1925.	Millions de francs.	Pourcent.
Dette publique......................................	18 574	56
Pouvoirs publics.................................	44	1
Services généraux des ministères............	12 871	38
Frais de régie, de perception, d'exploitation des impôts et revenus publics...........	1 349	4
Remboursements, restitutions et non-valeurs.	299	1
	33 137	100

Le service de la Dette représentait 27 p. 100 du total en 1913, 37 p. 100 au lendemain de la guerre, 56 p. 100 dans le budget de 1925.

Dans un budget dont le total a plus que septuplé, on voit que le service de la Dette est presque quinze fois ce qu'il était en 1913. C'est le lourd héritage de la lutte gigantesque dont nous sommes sortis vainqueurs, mais qui nous impose encore un long effort, pour le succès duquel nous devons faire appel à toute notre énergie. Et encore ce compte est-il loin de comprendre toutes les sommes que nous avons déboursées en 1925.

Dépenses recouvrables en vertu du Traité de Versailles. ⌣ A côté de ces budgets ordinaire et extraordinaire qui s'élevaient à plus de 25 milliards en 1920, le Parlement en a voté jusqu'en 1924 un troisième, celui des « dépenses recouvrables sur les versements à recevoir en vertu du Traité de paix », dont le tota l a atteint 72 milliards en cinq ans, et qui comprenait les pensions militaires et civiles aux victimes de la guerre et les frais de reconstitution des régions libérées. Ces sommes étaient, d'après le Traité de Versailles, à la charge de l'Allemagne et de ses alliés.

Mais comme le gouvernement français avait pris vis-à-vis des sinistrés des engagements immédiats et irrévocables, il a été amené, par la force des choses, à payer des indemnités aux ayants droit, avant d'avoir reçu les sommes correspondantes dues par les vaincus. La défaillance de l'Allemagne et l'établissement d'un nouvel état de paiements (plan Dawes) en avril 1924, qui a réduit le total de ses charges et augmenté ses délais ne nous permettront de récupérer ces avances que très lentement. Elles pèseront donc longtemps sur notre budget ; par contre les sommes employées à refaire notre outillage économique sont productives d'impôts.

La dernière législation, s'inspirant de ce nouvel état de choses, a supprimé le budget des dépenses recouvrables et incorporé au budget ordinaire une partie des crédits qui y figuraient précédemment.

Services à confier à l'État. ∽ La question primordiale en matière de budget est celle de savoir de quels services il convient que l'État demeure chargé. On ne peut guère, en effet, supposer que les traitements des fonctionnaires seront réduits ; mais on peut et doit envisager la réduction du nombre des fonctionnaires. L'augmentation inquiétante du chiffre annuel des dépenses publiques a trois causes principales : les guerres, qui ont toujours coûté cher et dont la dernière a imposé à l'humanité des sacrifices en hommes et en argent auprès desquels ceux du passé paraissent insignifiants ; le développement excessif des services civils ; l'avilissement de la monnaie. Cette dernière cause a été analysée par nous au chapitre de la monnaie. La seconde est une résultante de la tendance moderne à confier des services de plus en plus nombreux à l'État. C'est une des formes du socialisme, qui pousse à concentrer dans les administrations publiques un nombre croissant d'exploitations. Quant aux guerres, il est superflu d'insister sur l'influence qu'elles ont dans les charges publiques. Sans elles, les budgets de toutes les nations s'équilibreraient aisément. Les impôts suffiraient à couvrir les dépenses publiques, même dans les pays les plus étatistes ! Partout, ce sont les services de la Dette publique et des ministères de la Guerre et de la marine qui dévorent la plus forte part des budgets. La majeure partie des emprunts publics a été émise pour couvrir les dépenses militaires. C'est pour en servir l'intérêt et, chez les peuples sages, pour en assurer l'amortissement, qu'il a fallu instituer des impôts qui ont pris, dans les derniers temps, des allures de confiscation : c'est ainsi que l'impôt fédéral sur le revenu, aux États-Unis, en prélève, pour certaines fortunes, près de trois quarts. Il est vrai que ce taux s'applique à des revenus dont nous n'avons pas l'équivalent en France.

Classification des impôts. — Il n'y a guère de sujet plus délicat en matière financière que celui des impôts, c'est-à-dire du prélèvement que l'État opère sur la fortune de chaque citoyen. Depuis que les sociétés sont organisées, l'histoire nous conserve le souvenir des débats, des luttes souvent violentes entre les pouvoirs publics et le contribuable. Combien de dynasties princières ont sombré dans ces conflits, nés de l'opposition entre les demandes du souverain et les résistances des sujets ! L'organisation démocratique du monde moderne a, dans la plupart des pays, modifié profondément l'ordre de choses ancien. Le suffrage universel, qui permet à chaque habitant de choisir ses représentants, lui donne, par cela même, le droit d'exercer par son vote une influence sur la gestion des finances et de consentir l'impôt.

Aussi ne se trouve-t-on plus guère aujourd'hui en face des mêmes difficultés qu'autrefois. Le problème a pris un aspect différent. La loi votée par les Parlements ne se heurte plus au refus des administrés. Comme la plupart des peuples vivent sous le régime du suffrage universel, les élus cherchent à faire peser le moindre fardeau possible sur la masse de leurs électeurs, ce qui amène une législation par laquelle un petit nombre de contribuables sont lourdement taxés, tandis que la grande majorité n'acquitte que peu ou point d'impôts. Cette situation se présente aujourd'hui dans nombre de pays, du moins en ce qui concerne les impôts directs.

Impôts directs et impôts indirects. — On divise généralement les impôts en impôts directs et impôts indirects, les premiers comprenant ce qui est payé par le contribuable au fisc, en vertu de rôles nominatifs qui lui sont adressés par l'autorité, les seconds étant perçus à l'occasion d'actes de mutation, de commerce. Dans une certaine mesure, les premiers peuvent être désignés du nom d'impôts personnels, les seconds, de celui d'impôts réels, c'est-à-dire portant sur les choses. Une division plus rationnelle est celle qui les classe en impôts sur la propriété et impôts sur les consommations.

Dans la première catégorie rentrent alors les impôts sur le capital, sur le revenu, les droits de succession, de mutation, les droits de timbre, d'enregistrement; dans la seconde, les droits de douane, les droits de consommation frappant les produits fabriqués, les droits d'accise.

Si l'on réfléchit à la nature de ces prélèvements, on sera d'accord avec nous pour estimer que les amputations du capital sous la législation française actuelle sont déjà infiniment plus considérables qu'on ne se l'imagine en général. Voici, par exemple, les droits de mutation immobilière. Ils atteignent, si on y ajoute les frais inévitables de l'acte notarié, à peu près 20 p. 100. Qu'une maison, qu'un champ, change trois fois de maître en trente ans plus de moitié de sa valeur aura été dévorée par le fisc.

Le coût du timbre apposé sur une action ou une obligation n'est pas autre chose qu'un prélèvement d'une fraction de la valeur de ce titre. L'impôt de 18 p. 100, payé sur les coupons, n'a pas un autre caractère, non plus que la taxe annuelle de transmission des titres au porteur, évaluée d'après les cours en bourse, non plus que le droit prélevé sur chaque transfert de titres nominatifs. Quant aux droits de succession il est inutile d'insister sur leur caractère : ils font régulièrement passer une fraction de plus en plus importante des patrimoines dans les mains de l'État, qui entre ainsi en partage avec les héritiers. Des projets récents tendent à resteindre la vocation successorale et à faire de l'État l'héritier du citoyen mort intestat, lorsqu'il n'a pas de parents plus proches qu'au sixième ou même au quatrième degré. Voilà encore bien des fortunes qui vont prendre la route de la recette des finances.

Les Quatre Vieilles. ⌧ D'autre part, nous avions, dans les quatre contributions, connues sous le sobriquet des *Quatre Vieilles*, un ensemble d'impositions qui atteignaient les diverses sources de revenu : c'était l'impôt foncier sur les immeubles ; l'impôt sur les portes et fenêtres applicable à la propriété bâtie; les patentes qui atteignaient les bénéfices commerciaux et industriels, et enfin la contribution personnelle dite mobilière, qui visait plus spécialement les sources de revenus qui n'étaient pas directement saisies dans les trois autres catégories. De ces quatre contributions, celle des portes et fenêtres était la plus critiquée. On objectait qu'il y avait quelque chose de barbare à frapper le contribuable d'autant plus sévèrement qu'il donnait plus d'air et de jour à son habitation. En réalité, c'était une façon de proportionner la taxe à la valeur de l'immeuble.

Tout l'ensemble de cette législation avait été très soigneusement étudié ; elle procédait de l'idée qu'il convient d'éviter le plus possible les discussions entre le fisc et le contribuable et cherchait en conséquence à asseoir les taxes d'après les signes extérieurs de la richesse. Un champ, une ferme, une maison sont au grand jour ; on en connaît la valeur vénale, le rendement d'après les baux enregistrés. Pour la patente, l'importance des locaux occupés, le nombre d'ouvriers ou d'employés, en tenant un juste compte de la diversité des industries, des négoces, des professions, servaient de base à une législation qui avait été modifiée et perfectionnée à diverses reprises, de façon à rendre l'impôt aussi équitable que possible. Enfin, la cote personnelle était établie, elle aussi, d'après un signe extérieur, le loyer payé par le contribuable. Et c'est cette dernière qui soulevait les objections les plus vives. N'est-il pas injuste, disait-on, de proportionner le chiffre d'une contribution à la valeur du loyer payé? Telle personne, très riche, se contentera d'un appartement modeste. Telle autre, chef d'une nombreuse famille, sera obligée de prélever sur son budget une somme importante afin de loger ses enfants.

Système fiscal de la Révolution. ⚭ Ces critiques étaient

fondées : mais il ne faut pas oublier que tout le système avait été construit par les grands réformateurs de 1789 en haine des anciens impôts personnels, de la taille, du vingtième, qui, sous l'ancien régime, avaient pesé si lourdement sur le peuple. Les assemblées de la Première Révolution avaient voulu, à tout prix, enlever à l'impôt le caractère inquisitorial et vexatoire. C'est pourquoi elles avaient adopté le système des signes extérieurs, qui a ses inconvénients, mais qui, dans l'ensemble, donnait de bons résultats et pouvait être corrigé et perfectionné.

Si on résume la question on voit que les revenus fonciers sont aisés à déterminer ; les profits venant des fermages le sont moins ; on est conduit à adopter un forfait comme le fait l'administration britannique. Les revenus des valeurs mobilières françaises sont aisément taxés par voie de retenue. Il est plus difficile de saisir les revenus de valeurs étrangères, dont les revenus sont frappés d'un impôt spécial de 25 p. 100. Restent les revenus professionnels et les bénéfices agricoles. Ceux-ci, qui ont été particulièrement élevés pendant la guerre, sont malaisés à déterminer. Mais on peut remarquer qu'ils ont pour conséquence inévitable la hausse du prix de la terre et des fermages, qui, par conséquent, au bout de très peu de temps, indiqueraient des valeurs locatives plus élevées et majoreraient d'autant le taux de l'impôt. Quant aux bénéfices professionnels, ils sont évidemment les plus délicats à déterminer, en dehors de la déclaration faite par l'intéressé. Mais il faut observer que les sommes gagnées par ceux-ci ne tardent pas à être replacées par eux soit en biens-fonds, soit en valeurs mobilières et qu'elles tombent, dès lors, sous le coup de l'impôt.

Sans pousser plus loin ce qu'on peut appeler l'analyse philosophique de l'impôt, constatons à la fois, en ce qui concerne notre pays, la résistance du public aux modes de la taxation qui l'obligent à faire connaître le détail de sa fortune et sa bonne volonté à accepter tous ceux qui ne présentent pas cet inconvénient.

Lecture du budget. ⌒ La lecture d'un budget nous donne une idée de la variété des moyens auxquels l'État a recours pour percevoir les milliards dont il a annuellement besoin et justifie la boutade de l'humoriste qui constatait avec mélancolie que, de sa naissance à sa mort, l'homme civilisé ne peut faire un pas ni accomplir un acte sans que le fisc prélève sa part. Jetons un coup d'œil sur les états législatifs annexés à la loi budgétaire. Nous y verrons d'abord le tableau des contributions directes, foncières des propriétés bâties, foncières des propriétés non bâties, impôts sur les bénéfices industriels et commerciaux, impôts sur les bénéfices de l'exploitation agricole, impôts sur les traitements, indemnités et émoluments, salaires, pensions et rentes viagères, impôts sur les bénéfices des professions non commerciales, impôt général sur le revenu, contribution extraordinaire sur les bénéfices de guerre, taxe exceptionnelle de guerre, taxe des biens de mainmorte, redevances des mines, droits de vérification des poids et mesures, des alcoomètres, des densimètres, droit de visite des pharmacies et drogueries, droit d'inspection des fabriques et dépôts d'eaux minérales, contribution sur les voitures, chevaux, mules et mulets, taxe sur les billards, sur les cercles, droit d'épreuve et de vérification des appareils à vapeur, redevances pour frais de surveillance des fabriques de margarine.

Le budget énumère ensuite les droits, produits et revenus dont les rôles peuvent être établis, pour l'exercice courant, conformément aux lois existantes, au profit de l'État, des départements, des communes, des établissements publics et des communautés d'habitants.

Classification des revenus. ⌒ Voyons, maintenant, pour quelles sommes les diverses sources de revenus sont inscrites au budget de 1925. Elles se divisent en huit chapitres : impôts et revenus ; monopoles et exploitations industrielles ; revenus du domaine de l'État ; recettes d'ordre ; produits divers du budget ; ressources exceptionnelles ; produits recouvrables en Algérie. Les deux premiers chapîtres sont de beaucoup les plus importants, puisque à eux seuls ils donnent près de 28 milliards. On en trouvera le tableau ci-après :

§ 1. — *Impôts et revenus.*

	Millions de francs.
Contributions directes et centimes d'État.............	5 923
Taxes assimilées aux contributions directes	248
Enregistrement	5 201
Timbre..	976
Opérations de bourse..................................	166
Valeurs mobilières....................................	1 849
Taxe sur les paiements. Taxe de luxe..................	21
Taxe sur le chiffre d'affaires........................	4 439
Douanes	2 305
Contributions indirectes..............................	3 760
Sucre et saccharine..................................	493
	25 381

§ 2. — *Monopoles et exploitations industrielles.*

Allumettes, briquets, tabacs, poudres, postes, télégraphes, téléphones....................	2 615	2 640
Divers..	25	

§ 3. — *Revenu du Domaine de l'État.*

Revenu encaissé par receveurs des domaines....	174	374
Produits des forêts..............................	200	
§ 4. — *Recettes d'ordre*............................		1 556
§ 5. — *Produits divers du budget*..................		307

§ 6. — *Ressources exceptionnelles.*

Contribution extraordinaire sur les bénéfices de guerre	775	1 605
Liquidation des stocks de guerre................	450	
Prélèvements sur les plus-values de l'exercice...	380	
§ 7. — *Produits recouvrables en Algérie*..............		12
§ 8. — *Recettes afférentes aux réparations de dommages de guerre*......................................		1 276
Total....................................		33 151

Ce tableau appelle des observations. Les impôts sur le capital ou le revenu, c'est-à-dire sur la propriété, tels que contributions directes, impôts complémentaires sur le revenu global, enregistrement, timbre, valeurs mobilières, représentent plus de 14 milliards ; les droits sur la circulation des richesses (taxe sur les paiements, sur le chiffre d'affaires), impôts sur les transports, 4 milliards et demi ; les droits de consommation (douane, sucre, vins, bière, alcool), 6 milliards et demi, en sorte que les impôts sur la propriété contribuent pour plus d'un tiers au budget. Les monopoles et exploitations industrielles de l'État fournissent 2 milliards et demi : mais cette recette a une lourde contre-partie aux dépenses. Quant aux revenus du domaine de l'État, ils sont peu importants : 374 millions dont la moitié environ proviennent des forêts. L'équilibre du budget n'est obtenu, en fin de compte, que grâce à des ressources exceptionnelles, contribution extraordinaire sur les bénéfices de guerre, liquidation des stocks et surtout recettes afférentes sur réparations.

Budget anglais. ⌒ Il sera intéressant pour nos lecteurs de connaître les grandes lignes du budget anglais. Nos alliés ont eu une tâche moins lourde que nous. Ils ont dépensé autant pour la guerre, mais leur territoire est resté intact ; leur marine, malgré ses pertes, est en voie de reconstituer son tonnage d'avant-guerre ; elle impose au reste du monde des frets tels que ses revenus sont plus élevés que jamais.

Pour le dernier budget de guerre, s'étendant du 1er avril 1917 au 31 mars 1918, le Trésor britannique a présenté les comptes suivants en millions de livres sterling (1) :

1. La livre sterling vaut, au pair, 25 fr. 22 ; elle a valu au change de décembre 1920, environ 57 francs ; au change de janvier 1926, 125 francs ; à celui de juin de la même année 240 francs.

RECETTES.		DÉPENSES.	
Douanes	72	Service de l'ancienne dette	20
Accise	39	Service de la dette contractée pendant la guerre	170
Droits de succession	32		
Timbre	8		
Impôt foncier sur les propriétés bâties et non bâties	3	Bonification aux autorités locales	10
Impôt sur le revenu	239	Pensions diverses	2
Impôt sur bénéfices de guerre	220	Administrations civiles	61
Plus-value immobilière	1	Frais de perception de la douane et du revenu intérieur	5
Postes	35		
Revenu des domaines de la couronne	1	Frais d'exploitation des postes	26
Subsides de l'Inde et de diverses colonies	52	Guerre et Marine	2 403
Remboursement de diverses avances	6		
	708		
Emprunts divers	1 989		
	2 697		2 697

Année se terminant le 31 mars 1925.

RECETTES.		DÉPENSES.	
Douanes	99	Service de l'ancienne dette.	
Accise	135	Service de la dette contractée pendant la guerre	357
Droits de succession	59		
Timbre	23	Bonification aux autorités locales	34
Impôt foncier sur les propriétés bâties et non bâties	1	Pensions diverses	2
Impôt sur le revenu	274	Administrations civiles	
Impôt sur bénéfices de guerre	63	Frais de perception de la douane et du revenu intérieur	287
Postes	55		
Revenu des domaines de la couronne	1	Frais d'exploitation des postes	
Remboursement de diverses avances	12	Guerre et Marine	114
	722		
Recettes diverses	41		
Impôt sur le revenu des sociétés	18		
Droit sur les automobiles	16		
	797		794

L'excédent a été consacré à l'amortissement de la dette. Rappelons que les impôts directs ont été fortement augmentés pendant la guerre, jusqu'à fournir 71 p. 100 des recettes ordinaires. L'income-tax est passé de 1 shilling 2 par livre sterling en 1913, à 6 shillings en 1918. Trois réductions successives l'ont ramené au taux actuel de 4 shillings soit 20. p. 100.

Budget allemand. ∽ Le budget allemand pour 1920 se présentait comme suit (en milliards de marks) :

DÉPENSES.		RECETTES.	
Dette d'Empire	12,4	Diverses recettes administratives	0,2
Pensions aux veuves et aux orphelins	3,9	Impôts directs et de circulation	10,8
Augmentation du traitement des fonctionnaires	3	Douanes et impôts de consommation	9,1
Nourriture de la population	3	Impôts directs payables une seule fois	3
Armée et Marine	1,9	Taxes sur les banques et droits d'exportation	2
Invalides de guerre	1,1	Impôts à voter	2,9
Divers	2,7		
	28		28

L'équilibre n'était qu'apparent, puisque les impôts à voter représentaient, en réalité, un déficit. Dans les 9 milliards de douane et impôts de consommation, l'impôt sur le charbon figure pour 4 milliards.

Le budget extraordinaire s'élevait à 27 milliards, dont 10 étaient couverts par un prélèvement sur les disponibilités de l'exercice 1919; le déficit était donc de 17 milliards. Les dépenses du département se répartissaient comme suit. Exécution du traité de paix, 5 milliards; démobilisation de l'armée et de la marine, 2,1; prisonniers de guerre, 1; dommages résultant d'émeutes, 1; ministère du Travail, de la Défense nationale, des Transports, 2,5; déficit des Postes, 0,9; déficit des chemins de fer, 14, 5.

La réforme fiscale allemande entreprise par M. Erzberger comprenait trois impôts : l'un extraordinaire, ne devant être appliqué qu'une seule fois sur le capital : c'est le *Reichsnotopfer*, littéralement sacrifice aux besoins de l'Empire ; l'impôt sur le revenu, dont les règles sont différentes, selon qu'il frappe les revenus des particuliers ou ceux des sociétés, et l'impôt sur les transactions, analogue dans son principe à l'impôt français sur le chiffre d'affaires, mais assis d'une façon différente. La chute rapide du mark avait rendu leur produit illusoire. Mais l'Allemagne est revenue à la monnaie d' en 1924 et ses budgets actuels montrent un large excédent.

BUDGET ALLEMAND POUR L'EXERCICE CLOS LE 31 MARS 1925

Administration générale.

A. *Budget ordinaire.*

RECETTES.	Millions de Reichsmark.	DÉPENSES.	Millions de Reichsmark.
Impôts directs	5 765	Dépenses permanentes.	4 033
Impôts indirects	1 550	Subventions aux États et aux municipalités.	2 767
Recettes administratives	244	Excédent	759
	7 559		7 559

B. *Budget extraordinaire.*

RECETTES		DÉPENSES	
Recettes	838	Dépenses	705
		Excédent	133
			838

Charges de guerre

A. *Budget ordinaire.*

RECETTES		DÉPENSES	
Excédent du budget d'administration générale.	892	Dépenses	1 001
Recettes diverses	109		
	1 001		

B. *Budget extraordinaire.*

RECETTES		DÉPENSES	
Produit de l'emprunt international pour les réparations	474	Paiements	783
Intérêts sur obligations des chemins de fer	100		
Recettes diverses	209		
	783		

On remarquera que les subventions aux États et aux municipalités ont absorbé près de 3 milliards de marks. Elles figurent encore pour près de 2 milliards et demi dans les budgets suivants. Ajoutons que les pensions civiles et militaires atteignent près de 1 500 millions et que la défense nationale coûte près de 500 millions.

QUATRIÈME PARTIE

MARCHÉS FINANCIERS ET VALEURS MOBILIÈRES

CHAPITRE X

LES BOURSES ET LES COURS DES VALEURS

BOURSES. ‖ NATURE DES OPÉRATIONS. ‖ INTERMÉDIAIRES.
COTE. ‖ OPÉRATIONS A TERME. ‖ REPORTS, OPÉRATIONS
A PRIMES. ‖ SPÉCULATION AU COMPTANT.
CARACTÉRISTIQUE DES DIVERS MARCHÉS. ‖ MARCHÉ
DES CAPITAUX DISPONIBLES. ‖ PARIS, LONDRES, NEW-YORK.

Bourses ⌀ Les Bourses sont les marchés dans lesquels s'échangent les valeurs mobilières, c'est-à-dire les fonds publics, les obligations et les actions de sociétés. Elles ajoutent par le fait même de leur existence, une valeur considérable à celle que les titres tirent de leur mérite intrinsèque ; parce que, grâce à l'organisation des réunions où chaque jour s'échangent les titres, les possesseurs de ceux-ci peuvent transformer en monnaie leur propriété. Dès lors, la rente ou l'action qu'ils ont en portefeuille ne constitue plus ce qu'on appelle une immobilisation, mais bien une disponibilité pour ainsi dire immédiate, dans la mesure où les transactions sont régulières et permettent d'envisager une réalisation rapide et facile.

Caractère des valeurs mobilières. ⌀ Sous ce rapport, les valeurs mobilières ne diffèrent pas essentiellement des

autres marchandises qui s'échangent, elles aussi journellement, dans des halles, dans des boutiques de gros ou de
détail, lorsqu'il s'agit de denrées alimentaires, dans de
grands ou petits magasins lorsque les objets sont de ceux
qui servent au vêtement, au chauffage, à l'ameublement
aux mille usages de la vie domestique. Certains produits
essentiels, le blé, la farine, le sucre, le café, le coton, la
laine, les métaux, s'échangent dans des conditions qui se
rapprochent d'une façon significative de celles d'après
lesquelles se traitent les valeurs mobilières. Celles-ci ont
un caractère particulier. Elles sont ce qu'on appelle
fongibles, c'est-à-dire qu'une unité de l'espèce considérée est identique à toutes les autres ; en d'autres termes,
quand on achète ou vend une action d'une compagnie
de chemin de fer, d'une banque ou d'une société quelconque, on ne stipule pas la livraison d'un titre portant
tel ou tel numéro ; chacune des unités a exactement la
même valeur, les mêmes droits que les autres. Par conséquent, la négociation se borne à déterminer la quantité
et le prix, c'est-à-dire le nombre de titres et la somme à
payer. Dès lors, ces négociations ont lieu hors de la vue
des objets qui s'échangent, contrairement à ce qui se
passe dans la plupart des transactions journalières dans
lesquelles l'acheteur ne se décide qu'après avoir été mis
en présence de la chose vendue. Il n'est fait d'exception
à cette règle que pour certaines marchandises, telles que
le blé ou le sucre, qui peuvent être ramenées à des types
déterminés et qui se négocient *in genere*, c'est-à-dire sous
la condition que les objets livrés rempliront certaines
conditions fixées par les règlements.

Nature des opérations. ⎇ La nature des opérations qui
se concluent dans les Bourses a déterminé celle des rapports qui s'y établissent entre les acheteurs et les ven-
deurs. Ceux-ci ne s'y rencontrent pas, ne se connaissent
point. Tout se concentre dans les mains d'intermédiaires
qui reçoivent à la fois les ordres des uns et des autres et à

qui il suffit de se mettre en communication avec des intermédiaires, ayant eux aussi recueilli les demandes et les offres d'un certain nombre de clients. Ils constituent alors une assemblée qui se trouve en mesure de mener à bonne fin des opérations sur les valeurs à échanger.

Intermédiaires. ∽ Ces intermédiaires sont en réalité autre chose que ce qu'indique leur nom. Ils deviennent, par le mécanisme de leurs opérations, de véritables négociants en valeur mobilières. Ils agissent bien pour le compte d'autrui, mais ils sont amenés à prendre, vis-à-vis de leurs mandants, le rôle de contractants directs. *Primus* donne à son agent de change A... l'ordre de vendre 100 actions du Crédit Lyonnais. Cet agent de change se rend à la Bourse, où il cherche à rencontrer un confrère B... qui aura reçu d'un autre client, *Secundus*, l'ordre d'acheter 100 actions du Crédit Lyonnais. L'affaire se conclut. A... annonce à *Primus* qu'il a vendu ses 100 actions au cours de 1 500 francs, mais il ne lui dit pas à qui il les a vendues ; il se constitue responsable vis-à-vis de *Primus* du paiement de 150 000 francs contre livraison des 100 actions. Alors même que B... n'exécuterait pas le contrat, ne prendrait pas livraison des titres, A... n'en est pas moins tenu de s'exécuter vis-à-vis de *Primus* ; ce même B... serait responsable vis-à-vis de *Secundus* alors même que A... n'exécuterait pas son contrat envers B...

Les agents de change (c'est de ce nom qu'on désigne en France ceux qui sont chargés des négociations de valeurs mobilières) sont ainsi amenés à se faire confiance les uns aux autres dans une très large mesure. Sur une simple parole donnée dans l'édifice consacré à ces négociations, ils prennent à leur tour vis-à-vis de leurs clients, des engagements qui se montent souvent à des centaines de milliers, à des millions de francs. Ils ont donc été amenés à se constituer en corporations fermées, n'admettant leurs membres qu'à bon escient, exigeant d'eux des garanties d'honorabilité et de fortune qui permissent de traiter avec eux en toute sécurité. C'est pourquoi nous voyons, dans la plupart des pays modernes, les opérations sur valeurs mobilières confiées à des compagnies recrutées selon des règles sévères.

Système d'organisation des bourses. ⌒ Deux systèmes sont pratiqués. Dans l'un, ces intermédiaires sont choisis par le gouvernement : ce sont des officiers ministériels qui doivent remplir les conditions fixées par l'autorité publique ; dans l'autre, l'initiative est prise par des particuliers qui constituent une société dans laquelle ne sont admis que les membres qui s'engagent à obéir aux statuts et dont l'élection est soumise au vote de leurs pairs. Le premier est le système français ; le second est suivi en Angleterre.

Système français. ⌒ A Paris et dans les principales villes de province où il existe ce qu'on appelle un parquet, c'est le ministre des Finances qui nomme par décret les agents de change. Ceux-ci ont un monopole, c'est-à-dire le droit exclusif de négocier publiquement les valeurs mobilières. Il va de soi que l'échange amiable de ces titres entre particuliers ne saurait être et n'est pas interdit. D'autre part, un *modus vivendi* s'est établi à Paris entre la Compagnie des agents de change et deux syndicats dits des « Banquiers en valeurs à terme » et des « Banquiers en valeurs au comptant », d'après lequel ces deux syndicats négocient librement toutes les valeurs qui ne sont pas inscrites à la cote officielle, c'est-à-dire ne se traitent pas par les soins des agents de change. Ceux-ci ont le droit d'évoquer toutes les valeurs qu'ils veulent, sauf agrément des ministres des Finances et des Affaires étrangères lorsqu'il s'agit de valeurs étrangères.

Cote. ⌒ Toutes les négociations doivent avoir lieu pendant les heures officielles d'ouverture de la Bourse. Le commencement et la fin en sont marqués par une sonnerie de cloche. Toutes les offres, toutes les demandes doivent se faire à haute voix, de façon que les intéressés puissent connaître les offres et les demandes qui se produisent sur chaque valeur. Le but de ces prescriptions est de donner le plus de garanties possible à la sincérité des cours pratiqués. Ceux-ci sont enregistrés au fur et à mesure de la conclusion des affaires. Après clôture de la séance, ils sont imprimés sur un document qui s'appelle la *Cote officielle* et qui contient la liste des valeurs. Elle se divise en deux parties, consacrées l'une aux valeurs du terme, l'autre à celles du comptant. Toutes les valeurs peuvent se négocier au comptant ; un certain nombre se négocient également à terme.

Opérations à terme. ⟳ Les opérations à terme se règlent à date fixe, une fois ou deux par mois. Elles sont irrévocables dès qu'elles ont été conclues et ne diffèrent de celles du comptant que par la date du règlement. La concentration sur un seul jour de ces règlements d'opérations conclues pendant la quinzaine ou le mois précédent facilite les compensations et permet les reports à une échéance ultérieure. On appelle report l'ajournement à quinze jours ou à un mois du règlement d'une opération arrivant à échéance à l'une des dates que nous venons d'indiquer. Ces dates s'appellent des liquidations. Il y a la liquidation de quinzaine, la liquidation de fin de mois. Les rentes françaises, les actions de la Banque de France, les actions et obligations des grandes compagnies de chemins de fer, du Crédit Foncier de France, ne se règlent qu'une fois par mois ; toutes les autres valeurs du terme deux fois. Pendant la guerre, on avait supprimé le terme.

Report. ⟳ Revenons au report. Supposons un acheteur d'actions du Crédit Lyonnais qui s'est rendu acquéreur de 100 de ces titres au prix de 1 650 francs en liquidation de fin juin. Le 30 juin arrive. Cet acheteur n'est pas en mesure ou n'a pas le désir de prendre livraison de ces titres ; il propose à son vendeur de reporter l'opération au 15 juillet, c'est-à-dire de différer d'une quinzaine l'exécution de son engagement. Le vendeur y consent ; mais il y met une condition. Puisqu'il ne recevra son argent que le 15 juillet au lieu du 30 juin, il perd quinze jours d'intérêt. Il demandera donc à l'acheteur de lui payer un prix plus élevé, la majoration représentant le loyer du capital pendant la période envisagée. Ce prix nouveau sera par exemple de 1 653 francs, ce qui correspondrait à un intérêt annuel de 3 multiplié par 24, soit 72 francs. 72 francs pour 1 650 représentant un taux de 4,36 p. 100 l'an.

L'opération du report consiste donc pour l'acheteur à emprunter de l'argent et, pour le vendeur, à en prêter à 4,36 p. 100. On peut concevoir qu'en la circonstance un tiers capitaliste s'interpose entre les deux opérateurs, paie au vendeur la somme qui lui est due par l'acheteur et se substitue vis-à-vis de celui-ci aux droits du vendeur. Dans le c ul ci-dessus, nous avons omis de faire entrer en compte le courtage de l'agent de change et l'impôt qui diminuent le taux réel du report pour le reporteur et l'augmentent pour le reporté.

C'est le mécanisme du report qui différencie le marché du terme de celui du comptant. Car ni l'acheteur qui prend livraison des titres ni le vendeur qui les livre à l'échéance fixée pour la liquidation du terme n'agissent différemment des mêmes opérateurs au comptant. L'organisation du report permet la spéculation, c'est-à-dire l'acte du client qui achète un titre avec l'intention de le revendre sans en avoir pris livraison, ou de celui qui vend un titre qu'il entend racheter avant de l'avoir livré. C'est bien alors ce qu'on a appelé le jeu à la hausse ou à la baisse sur les valeurs, qui peut entraîner des inconvénients et parfois même des dangers pour ceux qui s'y livrent et pour les intermédiaires agissant pour leur compte. C'est pourquoi on prend souvent des dispositions destinées à écarter le péril résultant de fluctuations brusques des cours dans un sens ou dans l'autre. Si, par exemple, la valeur achetée par un spéculateur vient à s'effondrer, et qu'il ne puisse la réaliser qu'à un cours très inférieur à son prix d'achat, il aura à payer l'écart entre les deux prix. Qu'une hausse violente se produise, et le vendeur qui aura promis de livrer un titre à un prix inférieur sera contraint de le racheter en déboursant une somme beaucoup plus forte que celle qu'il reçoit. Dans les deux cas, le paiement de cette différence peut dépasser les forces du spéculateur. Aussi certains règlements de Bourse lui imposent-ils le versement préalable, entre les mains de l'agent de change à qui il transmet un ordre, d'une couverture, c'est-à-dire d'une somme destinée à garantir l'exécution de ses engagements.

Opérations à prime. ◦ C'est ici le lieu d'expliquer ce que sont les opérations à prime. Elles consistent dans le paiement d'une somme fixée moyennant laquelle un acheteur acquiert le droit de prendre ou de ne pas prendre livraison d'un titre à une échéance déterminée. La situation du vendeur, dans la même opération, est inverse, c'est-à-dire qu'étant à la discrétion de l'acheteur, ou bien il encaissera le montant de la prime, ou bien il sera tenu de lui livrer le titre au prix convenu. Exemple : j'achète une prime de 20 francs sur 100 actions du Crédit Lyonnais à 1 700 francs au 16 août prochain. Cela veut dire que, le 15 août, j'aurai le droit d'exiger du vendeur la livraison de 100 actions contre 170 000 francs, ou que, si je préfère ne pas prendre livraison, je lui verserai un dédit de 2 000 francs. En termes techniques, l'opération s'énonce comme suit : « J'achète 100 actions du Crédit Lyonnais à 1 700 *dont* 20. » L'avantage qu'elle présente pour l'acheteur est de limiter son risque. Si, à la date du 15 août, l'action est cotée 1 600, il abandonnera l'achat et se bornera à acquitter le montant de la prime. Si le cours est 1 800, il lèvera le titre et réalisera un bénéfice de 100 francs. Quel est donc l'avantage du vendeur qui, jusqu'au 15 août, jour de la *réponse des primes*, se trouve à la merci de l'acheteur? C'est premièrement d'avoir vendu éventuellement son titre à un prix supérieur à celui qui se pratiquait pour les opérations devenues définitives au jour où l'affaire s'est conclue, les opérations désignées du nom de *ferme* par opposition aux affaires à prime. Dans l'exemple ci-dessus, on doit supposer que l'action n'aurait pu être vendue ferme qu'à 1 500 francs. Le vendeur, dès lors, ne voulant pas se contenter de ce cours, s'engage à vendre 1 600 francs et s'assure un encaissement de 20 francs par titre si la vente ne devenait pas définitive.

Primes doubles. ∽ On pratique également des opérations de primes doubles ou stellages (en anglais *put and call*), qui consistent dans le paiement par l'acheteur d'une certaine somme qui est, en tout cas, acquise au vendeur. Moyennant ce paiement, l'acheteur aura le droit, à l'échéance, de se déclarer acquéreur ou vendeur du titre, à son choix. On paiera par exemple le 1er juillet sur 100 actions Crédit Lyonnais au cours de 1 500 francs une double prime à deux mois d'échéance de 50 francs. Cela veut dire que, le 31 août, celui qui a payé 5 000 francs de double prime se déclarera acheteur ou vendeur de 100 actions Crédit Lyonnais. S'il se déclare acheteur, cela revient pour lui à payer les titres 1 550 ; s'il se déclare vendeur, il les livre à 1 450 francs.

Spéculation au comptant. ∽ Il convient de remarquer que l'absence de marché à terme n'empêche pas la spéculation. Dans ce cas, l'acheteur qui n'a pas à sa disposition le mécanisme du report s'adresse à une banque, qui lui avance la totalité ou une fraction importante du prix qu'il a à payer pour ses titres ; il laisse ceux-ci entre les mains de la banque comme gage du prix qu'elle lui consent. Il les retrouvera le jour où il lui conviendra de réaliser ses titres. Inversement, on peut concevoir que la banque prête des titres au spéculateur à la baisse, c'est-à-dire à celui qui promet de livrer ce qu'il ne possède pas encore. Mais cette dernière opération est beaucoup moins facile à réaliser : si les banques ont de l'argent disponible, elles ne possèdent pas, en général, un assortiment de titres qu'elles soient en mesure de prêter à leurs clients.

Contrairement à ce que l'on pourrait supposer, l'absence d'un marché à terme n'empêche pas les grandes spéculations. C'est ainsi que sur la place de New-York, où toutes les opérations se règlent au comptant, il arrive que 3 millions de titres s'échangent en une journée. L'intervention des banques s'y produit d'une façon constante. A Londres, au contraire, en temps ordinaire, la plupart des opérations se font en « liquidation » de quinzaine.

Caractéristiques des divers marchés. ∽ Après avoir étudié l'organisation et le mécanisme des Bourses, examinons les valeurs qui s'y traitent : ce sera le meilleur moyen de nous rendre compte de leur activité et du rôle qu'elles jouent dans la vie économique de la nation. D'une façon générale, elles rendent service à l'État et aux entreprises particulières en leur facilitant l'obtention des capitaux dont ils ont besoin. En effet, les emprunts publics sont d'autant plus recherchés par les souscripteurs qu'ils savent pouvoir, en cas de besoin, réaliser sur le marché les rentes qu'ils possèdent. Il en est de même pour les sociétés, qui placent aisément leurs titres lorsque actionnaires et obligataires ne sont pas condamnés à les garder indéfiniment et qu'ils ont le moyen, le cas échéant, de les négocier.

Marché des rentes françaises ∽ La Bourse de Paris a tout d'abord un très large marché de rentes françaises. Jusqu'en 1914, nos fonds nationaux s'y traitaient au comptant et à terme, et y donnaient lieu à des échanges importants, ferme et à prime. Une politique avisée du gouvernement avait consisté à donner toujours au marché des rentes nationales le plus de facilité possible. C'est ainsi que l'impôt qui frappe les opérations est beaucoup plus faible lorsqu'il s'applique aux échanges de rentes françaises ; que la négociation en est permise en coulisse, c'est-à-dire sur le marché libre, vis-à-vis duquel, en cette matière, le marché officiel a renoncé à se prévaloir de son monopole. La guerre a naturellement fait sentir son influence dans ce compartiment de la cote d'une façon toute spéciale ; elle a momentanément rompu l'équilibre entre l'offre et la demande, en provoquant des créations incessantes de rentes nouvelles. La masse des rentes consolidées représente plus que le quadruple de ce qu'elle était en 1914, sans parler de la dette flottante, destinée à être à son tour transformée en rente perpétuelle. Il est évident qu'en présence de cette situation le marché des rentes françaises n'a plus la même élasticité qu'autrefois, alors que les offres et les demandes s'équilibraient et que la tendance générale était à la hausse, à mesure que les placements en fonds publics se poursuivaient, sans que des émissions nouvelles vinssent leur fournir un aliment. Le volume des titres à placer a grossi brusquement ; le public ne s'est donc pas pressé jusqu'ici d'employer la totalité de ses disponibilités en rentes perpétuelles, d'autant moins que les Bons du Trésor les fournissaient un excellent moyen de faire fructifier ses capitaux sans les engager pour une longue durée.

Mais cette situation doit changer quand la réalisation de l'équilibre budgétaire et la stabilisation du franc permettront de rembourser la dette flottante et d'émettre à cet effet les derniers emprunts consolidés. Une fois le Grand Livre fermé, le marché des fonds français retrouvera son ampleur d'autrefois. Nous pourrons supprimer au budget le compte de régularisation du cours des emprunts, qui s'élève actuellement à 1400 millions par an, destinés à racheter des titres des emprunts de guerre. L'émission de la rente 6 p. 100 devrait marquer l'apogée du taux

(192)

d'intérêt payé par le trésor français, qui empruntera ensuite, s'il a encore des besoins à satisfaire, à des conditions plus douces. Nous verrons se produire sur ce marché une animation semblable à celle qui se manifesta à partir de 1872, lorsque les emprunts de liquidation de la guerre de 1870 eurent été émis et que, en peu de temps, le cours en dépassa de moitié le prix d'émission.

Obligations. — A côté des fonds français qui constituent le placement classique, ceux qui font l'objet d'achats constants et de la part des épargnants individuels et de la part des caisses d'épargne postales et privées qui gèrent les fonds des épargnants, nous trouvons une grande variété d'obligations, qui répondent également au goût de notre public et qui, tout en présentant la même solidité que nos rentes, se distinguent d'elles sous certains rapports. Ce sont les obligations des départements, des villes, du Crédit foncier de France, de nos grandes compagnies de chemins de fer, dont quelques-unes jouissent de la garantie de l'État. L'une des différences entre ces diverses obligations et les fonds publics, c'est qu'elles sont amortissables dans une période déterminée, tandis que la plupart des rentes françaises ne sont remboursables qu'au gré du débiteur. L'écart entre le cours de ces obligations et le pair est d'autant plus attrayant pour l'acheteur qu'il est certain d'en bénéficier le jour où son titre sera appelé au remboursement. Cet écart s'est beaucoup tendu pendant la guerre. Les obligations 3 p. 100 des chemins de fer, qui s'étaient approchées du pair il y a une vingtaine d'années, sont aujourd'hui cotées aux environs de 40 p. 100, et comme elles seront toutes remboursées d'ici une trentaine d'années, on voit combien cette perspective est alléchante.

En dehors de cette certitude, un certain nombre de ces titres présentent encore un autre attrait, celui des lots, qui sont, par exemple, attribués à la plupart des émissions de la Ville de Paris et du Crédit Foncier de

(193)

France. Aussi les cours de ces titres sont-ils plus élevés que ceux des obligations de chemins de fer fournissant le même revenu.

Actions françaises. ⌒ Les actions de la Banque de France, du Crédit Foncier de France sont aussi les favorites de l'épargne, qui voit dans le monopole ou le quasi-monopole dont jouissent ces deux établissements un motif permanent de confiance, d'ailleurs justifiée par les dividendes distribués.

Les actions de la Compagnie du Canal de Suez ont également trouvé l'accès d'un très grand nombre de portefeuilles français, qui se contentent d'un revenu modique par rapport au cours coté, parce qu'ils espèrent des plus-values ultérieures dues à la progression du trafic.

Dans la même catégorie se classent les banques d'émission coloniales, celles de l'Algérie, de l'Indo-Chine, de l'Afrique occidentale, de la Martinique, de la Guadeloupe, de la Réunion, de la Guyane.

Les actions des grandes compagnies de chemins de fer ont été, pendant le demi-siècle qui a suivi leur création, estimées et capitalisées à l'égal des obligations. Mais les modifications profondes survenues dans les conditions d'exploitation des réseaux ont porté une grave atteinte à ces actions, qui sont aujourd'hui cotées à des cours bien inférieurs à ceux qu'elles atteignaient vers la fin du XIXe siècle. L'avenir est incertain.

Aussi le public, en matières d'actions, préfère-t-il aujourd'hui celles d'autres entreprises, notamment des transports par mer, qui ont été l'objet, au cours de la guerre, d'un véritable engoûment. D'une façon générale, les valeurs industrielles ont été en grande vogue et le sont encore. C'est là un heureux symptôme : il indique, chez les détenteurs de capitaux, la volonté de contribuer au développement de l'activité nationale. Simultanément, le public s'est porté sur les actions des banques particulières, auxquelles il prête une attention de plus en plus soutenue, banques de dépôt, banques d'affaires, dont nous avons indiqué le rôle dans l'économie nationale. Un compartiment spécial est formé par les actions des compagnies d'assurances, qui sont nominatives et dont plusieurs ont eu de brillantes destinées, dues surtout à la sagesse de leurs administrateurs, qui ont su accumuler des réserves au cours de périodes de prospérité.

Fonds étrangers. ⌀ Les valeurs étrangères tiennent une place considérable sur la place de Paris. Elle s'est ouverte aux fonds d'États étrangers, il y a un siècle : l'ordonnance de M. de Villèle en 1825 autorisait leur inscription à la cote, où ils se sont multipliés dans la seconde moitié du XIXe siècle. Il serait trop long d'énumérer ici les pays qui ont fait appel au crédit sur les marchés français. La plupart de ceux des cinq parties du monde y figurent. L'histoire de ces émissions serait intéressante à rappeler; elle retracerait en quelque sorte celle de la politique étrangère de la France, dont les sympathies ou les alliances s'affirmaient sur le terrain financier. Sous le Second Empire, alors que nos armes victorieuses affranchissaient la péninsule, une grande partie de la dette italienne se plaça à Paris ; sous la Troisième République, il en fut de même pour les emprunts russes, qui, pendant un quart de siècle, de 1888 à 914, furent considérés par nos épargnants comme presque équivalents aux fonds nationaux. Nous nous sommes aussi largement intéressés aux actions et obligations de banques, de chemins de fer, d'industries de pays divers, qui étaient heureux de trouver chez nous des capitaux à bon marché. La force d'épargne de la France accumulait tous les ans des disponibilités importantes qui faisaient entrer dans nos caisses des titres étrangers de plus en plus nombreux.

Ce mouvement s'est arrêté pendant la guerre et a fait place à une oscillation en sens inverse. Nous avons réalisé une certaine quantité de ces valeurs étrangères, qui ont servi à nous procurer des créances sur les marchés du dehors et à payer ainsi une partie des énormes importations que nous avons dû effectuer au cours et au lendemain des hostilités. L'utilité des placements que les Français avaient opérés au dehors est ainsi apparue : après avoir fourni des revenus souvent rémunérateurs à leurs propriétaires, ils leur ont permis de contribuer au financement de la guerre. Pendant quelques années encore, les ressources de l'épargne seront absorbées par les rentes indigènes. Ce serait une faute, cependant, que d'arrêter entièrement le courant d'exportation de nos capitaux, qui, dans bien des cas, nous assure une influence politique sérieuse, en même temps qu'il nous est utile au point de vue économique. Nous vivons depuis cinq ans sous le régime de cette interdiction, dont l'objet était d'éviter la dépréciation de notre monnaie. Mais son efficacité est contestable ; elle porte atteinte à notre crédit, au dedans comme au dehors, et son abrogation est désirable.

Bourses étrangères. Marché de Londres. ⟳ Au premier rang des marchés étrangers se place celui de Londres, qui, plus anciennement que celui de Paris, s'était ouvert aux valeurs étrangères et qui avait donné l'exemple de ce que peut, pour l'économie nationale, un système rationnel de placement au dehors. Pour la Grande-Bretagne, telle qu'elle s'est peu à peu constituée économiquement au cours du XIX⁰ siècle, cette acquisition de créances de plus en plus considérables sur les marchés étrangers était devenue une véritable nécessité, une condition même de son existence. En même temps, en effet, que la population et la richesse du Royaume-Uni se développpaient, que son industrie minière et métallurgique prenait l'essor que l'on sait, l'agriculture y passait au second rang ; la terre suffit de moins en moins à nourrir les habitants, qui croissent en nombre et dont les besoins augmentent en raison de l'amélioration de leur condition. L'Angleterre importe tous les ans une partie de la nourriture de son peuple, notamment en céréales ; pour les payer, elle doit avoir des moyens de s'acquitter autrement que par l'envoi de son or, qui eût disparu au bout d'un temps très court : il lui faut des ressources régulières qui compensent les besoins périodiques de ses importations. Ces ressources lui ont été fournies, en partie, par les coupons de ses valeurs étrangères dont le capital était évalué, avant la guerre, à 4 milliards de livres sterling (100 milliards de francs, en calculant la livre au pair).

Stock Exchange. ↶ Ce chiffre suffit à nous faire comprendre l'importance du marché des titres étrangers à la Bourse de Londres. Par l'intermédiaire du *Stock Exchange* (nom sous lequel est désigné le marché anglais des valeurs mobilières), le capital et l'influence britanniques se sont répandus sur la plus grande partie du monde, en premier lieu sur les colonies et protectorats anglais, ensuite sur les divers continents. Ils ont joué un rôle prépondérant dans l'organisation industriell des États-Unis. Beaucoup des chemins de fer, qui ont, on peut le dire, fait la grande République, ont été au début l'œuvre des Anglais ; il fut un temps où le marché de ces titres était gouverné par Londres, dont New-York suivait l'impulsion. Aujourd'hui la majorité des actions et obligations américaines ont été rapatriées aux États-Unis ; ce mouvement s'est accentué au cours de la guerre. Mais les Anglais, tout en ayant, comme les Français, cédé à leur gouvernement de grandes quantités de titres étrangers qu'ils avaient en portefeuille et qui ont fourni du change, en ont encore conservé pour des sommes importantes. La cote de Londres contient de nombreuses valeurs étrangères ; moins de fonds d'État, mais plus de titres industriels que celle de Paris. Nos alliés, en effet, ne se sont pas contentés, comme nous l'avons fait trop longtemps, de prêter leurs capitaux à intérêt fixe à des pays étrangers. Ils ont voulu s'intéresser à des entreprises et ont obtenu ainsi, dans beaucoup de cas, un rendement très supérieur à celui des fonds d'État. Ils ont construit les chemins de fer, créé des industries métallurgiques, gazières, des brasseries, des tissages dans les diverses parties du monde, et ils se sont constitué ainsi, en dehors de leurs frontières, un avoir considérable rapportant annuellement des milliards de francs.

Cote anglaise. ∽ La cote de Londres, en dehors des titres étrangers, présente une grande variété d'actions indigènes. Depuis longtemps les Anglais ont pour habitude de mettre en actions leurs affaires industrielles et commerciales ; on en jugera par la seule nomenclature des chapitres de la cote : brasseries, charbonnages, draperies, magasins de vêtements, électricité, tramways, gaz, hôtels et restaurants, assurances, forges, fonderies, sociétés immobilières, compagnies commerciales, automobiles, omnibus, journaux, imprimeries, nitrates, navigation, télégraphe, téléphone, télégraphie sans fil, textiles, tabacs, sociétés fiduciaires, thé, caoutchouc. L'animation n'est pas toujours égale dans les divers compartiments de la cote. Les commerces et les industries ont leurs époques de prospérité et de dépression. Telle catégorie d'entreprises est en vogue à un moment donné, puis elle perd la faveur du public. Une autre lui succède. Mais il est rare que la Cité ne soit pas occupée plus particulièrement d'une certaine classe de titres, qui sont ceux de l'industrie dont les produits sont demandés à ce moment-là. C'est ainsi que la guerre ayant mis en évidence les services incomparables que le pétrole rend comme combustible, les actions des sociétés pétrolifères ont été l'objet d'une vogue qui dure encore. À une certaine époque, ce furent les fabriques de bicyclettes qui absorbèrent l'activité du marché. Les mines d'or et les compagnies de colonisation de l'Afrique Austr. connurent des périodes de fièvre, auxquelles des capitaux venus du dehors contribuèrent largement.

Marché des capitaux disponibles à Londres. Lombard Street. ⌒ A côté de ce marché des titres, il existe à Londres, comme sur les autres grandes places financières, un marché des capitaux disponibles, de ce qu'on appelle communément l'argent, en prenant ce mot dans le sens des disponibilités, représentées par des billets, des espèces métalliques ou des crédits de banque. La Cité avait, sous ce rapport, avant 1914, une situation prépondérante, qui tenait en partie à ce que, depuis un siècle, la constitution de l'étalon monétaire anglais n'avait pas un instant été mis en question : la livre sterling était un poids certain d'or ; le billet de la Banque d'Angleterre n'avait jamais cessé d'être remboursable à vue en métal jaune. Aussi une partie du monde civilisé avait-elle des comptes ouverts à Londres et réglait elle ses échanges par des virements sur les livres des banques britanniques. Des transactions entre Français et Américains, entre Espagnols et Chinois, entre Japonais et Russes, se réglaient par des remises ou des tirages de livres sterling. On désigne parfois du nom de *Lombard Street* ce marché des capitaux. D'autres motifs contribuaient à maintenir cette situation : l'Angleterre, grâce au libre-échange, a établi chez elle de larges marchés pour un grand nombre de matières premières, laine, coton, métaux, céréales, dont les acheteurs ont pris, peu à peu, l'habitude de venir s'approvisionner chez elle ; ces marchés s'y maintiennent d'autant mieux que les navires anglais transportent une partie importante du fret mondial.

Loyer de l'argent dans la Cité. — Cet ensemble de circonstances fait que le loyer de l'argent pratiqué dans la Cité est une sorte de baromètre qui sert à régler ailleurs les conditions d'emploi des capitaux. Cependant, sous ce rapport comme sous tant d'autres, la guerre a amené des changements. Malgré l'énergie avec laquelle ils ont conduit leurs finances, les Anglais n'ont pu maintenir chez eux la libre circulation de l'or. Aussi la livre sterling a-t-elle perdu une partie de sa valeur par rapport à des étalons qui, comme le dollar des États-Unis, ont conservé leur pleine équivalence métallique. En temps normal, le change anglo-américain s'exprimait par la parité de 1 livre sterling pour 4 dollars 87 cents ; il est tombé à un moment à 3 dollars 60, c'est-à-dire à 25 p. 100 de perte environ ; il est revenu au pair en 1926.

Marché de New-York. ◦ Le marché américain, qui, jusqu'en 1914, ne s'était ouvert qu'exceptionnellement aux valeurs étrangères, les voit arriver successivement, au fur et à mesure que les besoins d'argent s'accentuent chez les belligérants et même chez les neutres. Au cours de la guerre, la trésorerie fédérale a consenti aux alliés des avances importantes, dont le total s'élève à environ 9 milliards de dollars. Des emprunts anglais, français et autres ont été émis sur le marché de New-York, où ils ont été souscrits par les banques et par le public. Depuis la restauration financière de l'Allemagne, de larges avances ont été faites à des villes et à des sociétés industrielles du Reich. L'ensemble des crédits consentis à des États, villes ou particuliers étrangers en 1925 dépasse 900 millions de dollars.

Le chapitre des fonds étrangers, qui y était pour ainsi dire inexistant jusqu'ici, commence à prendre un certain développement. Nous y relevons des obligations argentines, belges, chinoises, cubaines, canadiennes, italiennes, japonaises, mexicaines, suisses, des bons anglo-français, anglais, des emprunts des villes de Paris, Lyon, Marseille, Bordeaux, Berlin, Brême, Copenhague, Tokio. C'est là un phénomène tout nouveau dans la vie financière américaine qui était jusqu'ici entièrement absorbée par les besoins nationaux. Cela n'avait du reste rien de surprenant : que l'on songe à l'immensité du territoire de la Grande République, à toutes ses richesses naturelles à mettre en valeur, et l'on ne s'étonnera point que ses citoyens aient trouvé jusqu'ici des occasions d'employer chez eux leurs capitaux si nombreuses et si attrayantes qu'ils ne se souciaient point de l'étranger. Mais la guerre, qui les a fait sortir de leur isolement politique, les a amenés à s'intéresser aux finances du reste du monde. Ils ont commencé par les fonds d'État ; ils s'occupent maintenant des entreprises de diverse nature où leur intervention ne tardera pas à se faire sentir. Ils ont modifié à cet effet leur législation bancaire et permis aux banques d'ouvrir des succursales au dehors. Ils ont encouragé la fondation de corporations qui ont pour but spécial d'agir hors de leurs frontières. Le marché de New-York va devenir un marché international, qui rayonnera comme ceux de Paris et de Londres.

Néanmoins, à l'heure actuelle, la quasi-totalité des affaires qui se traitent à New-York au marché régulier et au marché libre (*Curb Market*) et la totalité de celles qui se font aux Bourses de l'intérieur, Boston, Baltimore, Philadelphie, Pittsburg, Chicago, portent sur des valeurs américaines. D'autre part, l'activité économique du pays, dont l'un des meilleurs indices est le mouvement des fonds aux chambres de compensation, se manifeste par l'accélération de ce mouvement. Pour l'année 1925, il a été de 512 milliards de dollars, contre 450 en 1920 et 170 en 1913.

Autres marchés. ↶ Nous ne parlerons pas d'autres bourses que celles des trois grandes capitales que nous venons de décrire et qui suffisent à donner une idée de cette partie, si importante et si vivante, de l'activité économique moderne. Des marchés semblables existent sur les principales places du monde ; leur physionomie varie selon le tempérament et les occupations des divers peuples. Ils évoluent avec leur histoire et en reflètent souvent les événements. Quand le roi Léopold II ouvrit à la Belgique les perspectives africaines, on vit les Bourses de Bruxelles et d'Anvers se lancer dans les valeurs congolaises, qui leur étaient inconnues jusque-là. Les Bourses russes se sont ouvertes aux actions d'entreprises charbonnières et métallurgiques au moment où les industriels français, anglais, belges mirent en valeur les gisements de houille et de minerai du Donetz et de l'Oural et construisirent des usines pour les traiter. D'une façon générale, en étudiant les cotes des Bourses, en suivant attentivement les inscriptions de valeurs nouvelles, on apprend à connaître une partie de l'histoire économique d'un pays ; on peut y lire les directions successives dans lesquelles s'est portée l'activité nationale, soit à l'intérieur, soit, chez les nations plus avancées et plus riches en capitaux épargnés, en dehors des frontières.

CHAPITRE XI

DE L'INFLUENCE DES SOCIÉTÉS PAR ACTIONS SUR LA MENTALITÉ FINANCIÈRE

AVANTAGES ET INCONVÉNIENTS DES SOCIÉTÉS PAR ACTIONS.
RÔLE DES ACTIONNAIRES. ‖ QUESTIONS DE MAJORITÉ.
ASSEMBLÉES. ‖ PHYSIONOMIE DES ENTREPRISES MODERNES.
OBLIGATAIRES. ‖ MENTALITÉ DES PORTEURS DE FONDS D'ÉTAT.
RAPATRIEMENT DES VALEURS. ‖ DIFFICULTÉS
DIPLOMATIQUES. ‖ CONSÉQUENCES AU POINT DE VUE FISCAL.

A*VANTAGES des sociétés par acitons.*⌒On n'a pas encore mis en lumière toutes les conséquences de la multiplication des sociétés par actions. On a surtout, jusqu'ici, célébré leurs mérites ; on y a vu, avec raison, un moyen de rendre accessible à de modestes épargnants la participation à des entreprises dont l'ampleur les mettait bien loin hors de leur portée, si le capital n'avait pu en être fractionné. C'est également un moyen de réunir, par le concours d'un très grand nombre de souscriptions modestes individuellement, les fonds nécessaires à de vastes entreprises, qui n'eussent pu être menées à bonne fin par une seule personne. C'est aussi le mode grâce auquel sont évités les inconvénients de la division d'un patrimoine particulier : le partage forcé d'un héritage peut entraîner la liquidation d'une industrie, qui se perpétue au contraire lorsque le capital est divisé en actions, dont la transmission se fait sans qu'aucune modification intervienne dans le pacte social.

Prenons l'exemple d'une banque comme le Crédit Lyonnais, dont le développement a été dû en grande partie à M. Henri Germain. Si elle avait été organisée par lui sous forme de société en nom collectif, il est probable qu'à la mort du fondateur elle eût été liquidée. Au contraire, la société par actions survit au décès de son président, et les collaborateurs qu'il a formés de son vivant perpétuent sa tradition au sein du conseil d'administration. Le Creusot, dans l'ordre industriel, représente une puissance comparable à celle du Crédit Lyonnais en matière de banque : ici également, c'est un homme, M. Schneider, dans la personne duquel l'affaire s'est longtemps incarnée. Il s'est trouvé dans sa descendance de dignes continuateurs de son œuvre. Il n'en est pas moins certain que la permanence de cette vaste entreprise est mieux assurée par le fait qu'elle est constituée sous forme de société par actions.

Inconvénients des sociétés par actions. ⟳ Voilà certes des avantages notables. Mais la médaille a son revers. La direction d'une affaire appartient bien aux actionnaires qui choisissent leurs délégués pour la conduire, c'est-à-dire les administrateurs qui sont responsables de leur gestion et qui théoriquement représentent la majorité du capital. Mais cette intervention des actionnaires ne s'exerce guère dans sa plénitude qu'au début de l'existence des sociétés. Peu à peu, les actions changent de mains ; elles se divisent de plus en plus, le nombre des propriétaires augmente tandis que diminue celui des titres possédés par chacun d'eux... Une banque comme la Société Générale compte à l'heure qu'il est plus de 100 000 actionnaires. Il devient de plus en plus difficile de réunir des assemblées, et celles-ci ne réussissent à grouper qu'une fraction de plus en plus faible du capital social, surtout lorsque les titres sont au porteur. Dès lors les résolutions ne sont prises que par une minorité souvent très réduite.

Rôle des actionnaires. ⟳ Il est vrai que cette négligence des actionnaires à remplir leur devoir se constate surtout dans les sociétés prospères. Lorsque ies affaires marchent moins bien, les intéressés se préoccupent d'exercer leurs droits et demandent des comptes au Conseil. D'autres raisons, d'ailleurs, s'opposent à l'intervention efficace des actionnaires. Souvent les statuts des sociétés n'ouvrent l'accès des assemblées ordinaires qu'aux propriétaires d'un nombre minimum d'actions, par exemple 20 ou 25. Et, en effet, il serait impossible de trouver des locaux assez vastes pour contenir les milliers, les dizaines de milliers d'hommes qui constituent souvent l'armée des actionnaires d'une entreprise. La loi française ordonne cependant que l'accès de certaines assemblées extraordinaires soit ouvert à tous les actionnaires, alors même qu'ils ne possèdent qu'un seul titre. S'ils ''avaient la faculté de déléguer leur pouvoir à un autre actionnaire, on pourrait se heurter ainsi à de véritables impossibilités. Sans reprendre l'exemple saisissant de la banque qui compte plus de 100 000 actionnaires, nous connaissons une société dont les 80 000 actions ont été souscrites par 12 500 personnes. Quelle est la salle assez vaste pour les réunir? Et quel est l'orateur dont la voix pourrait se faire entendre, d'une foule semblable? Ni un Gambetta ni un Jaurès n'y réussiraient.

En fait, l'actionnaire qui ne détient qu'une fraction infime du capital social ne se soucie pas d'intervenir d'une façon directe dans la gestion ; si les résultats le satisfont, il garde son titre ; s'ils lui causent de l'inquiétude, il le vend ; mais il ne peut guère prétendre à exercer une influence personnelle. Il fait confiance aux administrateurs, ou bien à un actionnaire, auquel il donne sa procuration, de façon à réunir en un faisceau des forces éparses qui ne peuvent agir utilement qu'en s'associant.

Les actions au porteur. ∽ L'existence d'actions au porteur, dont la propriété se transmet par simple tradi·

tion, fait que les sociétés connaissent de moins en moins leurs actionnaires. Alors qu'un capital divisé en actions nominatives permet aux administrateurs de rester en contact permanent avec leurs actionnaires, de les réunir facilement, de leur adresser en personne toutes communications utiles, les titres au porteur ne révèlent leurs propriétaires qu'aux époques des assemblées générales, et à condition que ceux-ci consentent à les déposer.

Questions de majorité. ⌒ Dans toute société par actions, la majorité peut changer. La proportion de titres nécessaire pour en être le maître est variable selon l'âge de la société. Au début de son existence, les souscripteurs sont souvent peu nombreux, se connaissent et restent groupés pendant un temps plus ou moins long, pendant la période de mise en train de l'affaire. A mesure que les années s'écoulent, la division des titres, ce qu'on appelle le classement, se poursuit; les présences anx assemblées sont de moins en moins nombreuses et, par conséquent, le chiffre nécessaire pour en être le maître descend. Il arrive cependant que la loi exige un *quorum* minimum, ce qui limite le chiffre au-dessous duquel on ne peut tomber. Prenons comme exemple la loi française. Elle prescrit, pour la validité d'une assemblée ordinaire, qu'un quart du capital social soit présent ou représenté. Dans une assemblée ainsi constituée, le propriétaire du huitième du capital pourrait faire voter ce que bon ui semblerait. Si, lors d'une seconde convocation, il n'y avait de représenté que le dixième du capital, le propriétaire du vingtième du capital plus une action serait maître de l'assemblée.

Il ne sera pas sans intérêt pour nos lecteurs de trouver ci-après l'exposé du régime français des assemblées générales ordinaires et extraordinaires.

Pour les *assemblées générales ordinaires*, le *quorum* exigé est le quart du capital. En cas d'insuffisance, une nouvelle assemblée est convoquée, et celle-ci peut délibérer valablement, quelle que soit la portion du capital représentée.

Pour les *assemblées générales extraordinaires*, il faut établir les distinctions suivantes :

1° Pour les assemblées qui ont à délibérer sur la vérification des apports, la nomination des premiers administrateurs, la sincérité de la déclaration faite par les fondateurs, le *quorum* exigé est la moitié du capital. Si l'assemblée ne réunit pas le nombre d'actionnaires représentant la moitié du capital social, elle ne peut prendre qu'une délibération provisoire, et, dans ce cas, une nouvelle assemblée générale est convoquée : cette assemblée doit représenter un cinquième au moins du capital social.

2° Pour les assemblées ayant pour objet la modification des statuts, les dispositions sont les mêmes.

3° Pour les assemblées qui ont à délibérer sur les modifications touchant à l'objet ou à la forme de la société le *quorum* est des trois quarts du capital, et les résolutions, pour être valables, doivent réunir les deux tiers au moins des voix des actionnaires présents ou représentés.

4° Pour les assemblées ayant à délibérer sur d'autres objets (par exemple modification du capital social), si la première assemblée ne réunit pas les trois quarts du capital social, une seconde assemblée est convoquée et peut délibérer valablement si elle comprend la moitié du capital social.

Si cette assemblée ne réunit pas la moitié du capital, il peut être convoqué une troisième assemblée, qui délibérera valablement si elle représente un tiers au moins du capital social.

Dans toutes ces assemblées, les résolutions, pour être valables, devront réunir les deux tiers des voix des actionnaires présents ou représentés.

Sans entrer dans le détail des autres législations à cet égard, nous en avons dit assez pour montrer l'incertitude qui peut planer sur le gouvernement des sociétés, dès que les administrateurs ne possèdent pas, par eux-mêmes, ou par des groupements marchant d'accord avec eux, un nombre d'actions tel qu'ils aient la majorité dans les assemblées, arbitres souveraines en dernier ressort des destinées sociales.

Législation des assemblées d'actionnaires. ⌒ Tout ce que nous venons de dire s'applique au cas où le droit de vote est proportionnel au nombre de titres possédé, où l'actionnaire propriétaire de 1 000 titres a 1 000 voix, tandis que le détenteur d'un titre n'en a qu'une. Il arrive que les statuts limitent arbitrairement le nombre de voix de chaque actionnaire en décidant que, quel que soit le chiffre de ces actions, il n'aura qu'un total déterminé de voix. Une disposition de ce genre peut bouleverser un scrutin et empêche ceux qui ont la majorité effective de faire prévaloir leurs idées. Nous ne l'avons, pour notre part, jamais comprise. On a invoqué comme prétexte le soi-disant danger de voir une majorité s'emparer d'une affaire. Mais le régime des sociétés par actions, comme celui des sociétés publiques modernes, repose sur le règne de la majorité. Il faut que la minorité s'incline. Ajoutons que ce régime est moins dangereux en matière économique qu'en matière politique : il n'est pas à supposer que, de gaîté de cœur, ceux qui possèdent la majorité du capital voudront détruire ou mal gérer leur propriété.

Physionomie des entreprises modernes. ⌒ Telle est donc la physionomie des entreprises modernes, lorsqu'elles revêtent la forme de sociétés par actions. L'usine, la banque, le domaine foncier, la maison de commerce, l'organisation de transport, subsistent en apparence dans une forme immuable. Des transformations plus ou moins lentes se produisent dans le sein du Conseil d'administration : mais, sauf le cas de déplacement brusque de la majorité et de renversement du pouvoir établi, rien ne trahit de violentes secousses dans l'organisme. Cependant les actions changent fréquemment de mains : à quelques années de distance, des mutations importantes peuvent avoir lieu. Apparentes avec des titres nominatifs, ignorées de tous excepté du vendeur et de l'acheteur en cas de titres au porteur, elles ont pour résultat de déplacer d'une façon ininterrompue la propriété du fonds social.

Obligataires. ∽ Il n'y a pas que les actions à considérer dans l'existence des sociétés. Beaucoup de celles-ci ont émis des obligations. Quelle est la situation des propriétaires de ces titres? Ce sont des créanciers, dont le droit consiste à percevoir régulièrement l'intérêt annuel qui leur a été promis et à toucher le remboursement de leur capital à la date prévue. Aussi longtemps que le service du coupon et de l'amortissement se poursuit régulièrement selon les termes de l'acte d'émission, les obligataires n'ont pas le droit d'intervenir ni de s'immiscer en aucune façon dans la gestion de l'entreprise. Mais, à la minute où la société cesse de remplir ses engagements, l'obligataire se dresse en face d'elle et lui réclame son dû. Si un seul coupon reste impayé, le porteur du titre peut faire déclarer la société en faillite en exigeant le paiement du capital de son obligation. Ce droit va bien au delà de celui de l'actionnaire, qui est un associé suivant la bonne ou la mauvaise fortune de l'entreprise, ayant un droit de contrôle, mais tenu de laisser sa mise dans la caisse jusqu'au jour de l'expiration du pacte social.

Pouvoir des obligataires. ∽ On voit combien est étendu le pouvoir de l'obligataire, dès la minute où la société cesse d'exécuter les clauses du contrat qui la lie à ses créanciers. Alors que l'actionnaire n'a pour ainsi dire pas de droit individuel et n'a d'influence sur la marche des affaires que s'il réussit à se mettre d'accord avec une majorité, l'obligataire possède un droit individuel qui est absolu. Le porteur d'un titre de 500 francs faisant partie d'une émission de 100 millions pourrait faire mettre en faillite une société à laquelle les porteurs de 199999 autres titres seraient disposés à accorder terme et délai. La rigueur de cette disposition la rend très périlleuse. Il peut arriver que, pour le bien de l'affaire et celui des créanciers, une société soit amenée à suspendre passagèrement ses paiements. Des arrangements pourraient être pris avec les obligataires, en vertu desquels le paiement d'un ou de plusieurs coupons serait différé, et cela dans l'intérêt même de l'entreprise. Il conviendrait, dans ce cas-là, que le pacte à intervenir entre la société et ses créanciers fût valable s'il réunissait les suffrages d'une certaine majorité, sans qu'il fût nécessaire d'obtenir l'adhésion unanime et expresse de tous les obligataires. Ce résultat est obtenu par la constitution de sociétés civiles d'obligataires qui sont souvent prévues par les statuts ou par les prospectus d'émission. Dans ce cas, les obligataires agissent à peu près comme le feraient des actionnaires ; ils se réunissent en assemblée, désignent des mandataires et prennent, à des majorités déterminées, des résolutions qui sont obligatoires pour l'universalité des propriétaires de titres.

Mentalité des porteurs de fonds d'État. ⌒ Nous avons cherché à mettre en lumière l'état d'âme le plus fréquent des actionnaires et des obligataires de sociétés particulières. Il n'est pas moins intéressant de rechercher quel peut être celui des innombrables porteurs de fonds publics qui sont appelés à se multiplier encore, au lendemain de la guerre, à l'heure où les emprunts de liquidation s'émettent de tous côtés et où de nouveaux souscripteurs vont s'ajouter à tous ceux qui, antérieurement déjà, avaient confié leurs épargnes au trésor de leur pays, ou à des États étrangers.

Celui qui a fait l'acquisition d'un titre de rente indigène se trouve vis-à-vis du gouvernement de son pays un peu dans la situation d'un actionnaire vis-à-vis du Conseil d'administration de la société. Il exerce son influence au moyen de son bulletin de vote, là du moins où existe le régime constitutionnel, un parlement souverain qui sanctionne le budget. Mais l'action qu'un électeur peut ainsi exercer est bien plus lointaine encore et en général bien plus faible que celle qui émane d'un actionnaire. Celui-ci peut faire directement entendre sa voix à l'assemblée annuelle ; en se concertant avec d'autres actionnaires, il peut provoquer la réunion de cette assemblée avant l'époque statutaire ; il peut refuser d'approuver les comptes présentés par le conseil, changer les administrateurs. Au contraire, que peut un rentier contribuable? Même dans un pays comme la France, où le régime représentatif est fortement organisé, il n'est appelé que tous les quatre ans à élire les députés, tous les neuf ans à élire les sénateurs. Le Parlement ainsi constitué donne ou refuse sa confiance à des ministres choisis par le président de la République. Quelle aura été l'influence, dans la gestion des finances publiques, du vote de chaque électeur, qui représente un dix-millionième du corps électoral français? Elle est bien faible.

Influence de l'opinion. ⌒ Cependant l'on ne saurait nier que du sentiment populaire, plus spécialement attiré à de certaines époques vers les questions économiques, devraient pouvoir se dégager des scrutins qui auraient une signification et une portée sur la marche des affaires et en particulier sur le maniement des deniers publics. C'est la fortune nationale qui est le gage des emprunts. Cette fortune se compose essentiellement, exclusivement dans certains pays, des contributions annuelles des citoyens. Ceux d'entre eux qui sont créanciers du Trésor public, parce qu'ils ont acquis des titres de rente ou des obligations de la dette flottante, se paient à eux-mêmes, dans la mesure où ils acquittent l'impôt, une partie du coupon auquel ils ont droit.

Ils ont intérêt à ce que la taxation soit la meilleure, la plus équitable possible, à ce que l'État ne gaspille pas les ressources ainsi obtenues, à ce que le chiffre de la dette n'enfle pas démesurément, de façon que le service n'en exige pas une proportion trop forte du budget.

Difficultés de la tâche du porteur de fonds. ∽ S'il n'est pas aisé pour un actionnaire de connaître dans tous ses détails la marche de l'entreprise à laquelle il est intéressé, il est infiniment plus difficile pour le rentier de pénétrer les arcanes du budget de l'État, d'en analyser les chapitres, de juger de la nécessité de telle dépense, de la légitimité de telle recette. Dans les sociétés privées, un rapport annuel avec pièces comptables à l'appui, bilan et compte de profits et pertes, renseigne les intéressés sur la marche des affaires, la situation sociale, et leur permet de constater les résultats de la gestion. Quel est le porteur de fonds publics qui aura la patience de compulser les in-quarto dans lesquels se trouvent exposées les recettes et les dépenses publiques? et quel est le lecteur qui, après s'être livré à cet examen, en tirera des conclusions?

Le porteur de fonds publics fait crédit à son gouvernement sans condition en quelque sorte. Il compte sur la sagesse des parlements et des ministres pour ne pas endetter le pays outre mesure ; d'un autre côté, il connaît les ressources de sa patrie et a confiance qu'elles seront à la hauteur de toutes les exigences. En dernier ressort, il peut espérer que, si cette voie n'était pas suivie, il aurait recours à l'arme qu'il a entre les mains, c'est-à-dire le bulletin de vote, et s'efforcerait de remplacer les hommes au pouvoir par des dirigeants qui s'inspireraient des sains principes financiers.

Le porteur de rentes étrangères. ∽ Mais quelle est la position du porteur de rentes étrangères? Celui-là est encore bien plus désarmé, puisque son action électorale s'arrête à la frontière. Il ne peut communiquer avec l'État étranger, qui est son débiteur, que par l'intermédiaire de son propre gouvernement. C'est ici que se présente la très grave et délicate question de savoir quelle est la limite jusqu'à laquelle un État doit s'avancer pour la protection des intérêts que ses nationaux possèdent à l'étranger. Il peut bien leur donner l'aide d'une action diplomatique ; mais la force publique ne saurait être mise au service de réclamations particulières : nous envisageons le cas où l'État débiteur ne ferait pas honneur à sa signature, suspendrait en totalité ou en partie le service de ses rentes.

On a vu, dans des cas semblables, le gouvernement dont les nationaux étaient porteurs de grandes quantités de titres en souffrance, intervenir pour s'efforcer d'amener un arrangement. C'est ainsi qu'il y a une quarantaine d'années les cabinets de Paris et de Londres prêtèrent un appui efficace aux porteurs de fonds ottomans pour qu'ils obtinssent de la Sublime Porte un règlement de leurs créances ; que, vers la même époque, ils réorganisèrent les finances égyptiennes pour le plus grand bien des porteurs européens ; que, vers la fin du XIXe siècle, ils firent de même en Grèce. Ils facilitèrent même ces opérations, en plus d'une circonstance, en garantissant eux-mêmes le service d'un emprunt égyptien ou grec, de façon à assurer, au pays qu'il s'agissait de remettre sur pied, les capitaux dont il avait besoin. La France et l'Angleterre n'ont du reste pas été isolées dans leur action ; d'autres grandes puissances s'étaient rangées à leurs côtés. Elles sont aussi intervenues au Venezuela pour le règlement d'une dette dite diplomatique.

Lorsqu'un pays a ouvert ses portes toutes grandes aux fonds d'un autre pays, comme la France l'a fait pour les rentes russes, on conçoit que le gouvernement n'attende même pas les réclamations des porteurs pour faire entendre leur voix. C'est ainsi qu'à maintes reprises dans les négociations directes, nous avons rappelé à qui de droit en Russie les 15 milliards de valeurs moscovites qui sont dans les portefeuilles français.

Conséquences au point de vue social et international. ⌒ Des moralistes pourraient ici trouver matière à d'amples réflexions. Certes, en dépit du socialisme, l'idée de la propriété individuelle n'a cessé de s'affirmer dans le monde moderne : mais cette propriété a pris, avec le développement des sociétés par actions et des dettes publiques fractionnées en obligations d'une faible valeur nominale, une forme toute nouvelle.

Examinons, par exemple, le portefeuille d'un modeste épargnant qui aura voulu placer une somme de dix mille francs en divisant ses risques, selon une formule souvent répétée. Il pourra avoir acquis pour 5 000 francs dix obligations de 500 francs chacune qui le constitueraient créancier de dix grands États ; il pourrait ensuite avoir souscrit dix actions de 500 francs chacune dans dix sociétés ayant leur siège dans dix autres pays, de sorte qu'il serait intéressé aux affaires publiques ou particulières chez vingt nations différentes. Les titres représentatifs de ces créances peuvent être négociés par lui à tout moment, si bien que, le cas échéant, il transportera son capital d'un pays, d'un continent à l'autre. Il le fera le plus aisément du monde, par un ordre donné à son banquier ou à son agent de change : l'opération s'exécutera par la remise d'une simple feuille de papier revêtue de la signature de l'État débiteur ou des administrateurs de la société dont les titres s'échangent à la Bourse.

Il arrive que ces intérêts individuels prennent une forme collective internationale, lorsque, par exemple, de nombreux titres d'une entreprise se trouvent entre les mains d'actionnaires ou d'obligataires étrangers. On dira dès lors que tel pays est intéressé dans les affaires de tel autre. Les exemples de cette situation abondent, particulièrement en France, où nos épargnants, depuis de longues années, ont acheté non seulement des fonds d'État étrangers, mais des titres de sociétés industrielles, commerciales, minières ou autres, dont le siège est en dehors de nos frontières. La plupart du temps, la nationalité de ces sociétés est étrangère, bien que, dans certains cas, ce soient des statuts français qui les régissent.

Conséquences économiques. ⌒ Beaucoup de questions se posent à l'occasion de ces rapports. Au point de vue économique, ils présentent de grands avantages ; en nous constituant créanciers du dehors pour les revenus que nous tirons de ces placements, ils sont une source constante d'amélioration de nos changes ; en effet, chaque remise de fonds destinée à la France signifie une demande de monnaie française ou une offre de monnaie étrangère. D'autre part, la possession d'une fraction plus ou moins importante du capital de ces entreprises peut valoir aux intérêts français une représentation dans la direction et l'administration de l'affaire : c'est un débouché pour nos financiers, nos ingénieurs ; c'est l'occasion d'étendre au loin notre influence. Il y aurait un volume à écrire sur le rayonnement de nos compatriotes dans les divers continents. C'est nous qui avons construit les chemins de fer espagnols, portugais, une partie des réseaux autrichien, russe, hongrois, romain, des lignes asiatiques et sud-américaines ; nos entrepreneurs ont creusé des ports et exécuté de grands travaux publics en Europe, en Asie, dans l'Amérique du Sud. N'oublions pas le canal de Suez achevé par nous ; celui de Panama poussé jusqu'à un degré d'avancement qui a étonné les Américains eux-mêmes, après qu'ils eurent racheté l'entreprise au concessionnaire primitif.

Rapatriement des valeurs. ⌒ Toutefois cette emprise d'un pays sur d'autres ne se maintient pas toujours indéfiniment. Il arrive que, sous l'influence même de l'action bienfaisante exercée par nous sur des populations moins avancées, ces dernières progressent, s'instruisent, s'enrichissent. Elles rachètent alors les titres de leurs entreprises nationales, que nous avions souscrits, et cherchent à jouer un rôle dans la conduite des affaires. C'est ainsi que nous avons vu les Espagnols s'intéresser de plus en plus à leurs compagnies de chemins de fer, dont ils n'ont cessé, depuis un certain nombre d'années, de racheter les titres. Ce mouvement s'est fortement accentué depuis la guerre, sous l'influence de la hausse du change espagnol à Paris, qui a permis aux Espagnols d'acquérir à bon compte les titres de leurs entreprises cotés en francs. Ailleurs ce sont les gouvernements eux-mêmes, comme en Russie, en Autriche, en Italie, qui ont racheté les réseaux et mis fin par là à l'intervention de nos capitaux et de nos hommes.

Difficultés diplomatiques. ➷ Au cours même de l'existence des sociétés, de nombreuses questions se posent en ce qui concerne les relations internationales. Nous ne parlons pas ici de la question infiniment délicate de l'intervention d'un gouvernement en faveur de ses nationaux créanciers d'un autre État, porteurs par exemple de rentes dues par cet État. Mais, même dans le domaine des affaires particulières, des difficultés peuvent naître. Tout d'abord au point de vue de la composition des Conseils d'administration et de la direction. On a vu, dans les derniers temps, des mouvements se produire, dans divers pays, pour obtenir une législation dite nationaliste, c'est-à-dire ne permettant pas, au moins, pour certaines natures de société, la présence d'étrangers dans les conseils, ou bien ne la tolérant que dans une proportion déterminée. Voilà des complications qui peuvent exister même en temps de paix. Qui ne voit quelle gravité elles prennent lorsqu'une guerre éclate. On a vu, au cours des années 1914-1918, les gouvernements belligérants se saisir de la propriété des sujets ennemis qui se présentait à eux sous forme d'actions ou d'obligations. On a vu le gouvernement allemand faire vendre les titres d'un charbonnage possédés par des actionnaires français; le gouvernement anglais réaliser pour compte de qui de droit des actions possédées en Grande-Bretagne par des Allemands. Beaucoup de ces tractations sont déclarées nulles par le traité de paix. Mais chacun sent la difficulté et les périls d'une situation de ce genre. Évidemment il n'y a pas là une objection fondamentale à l'acquisition, par nos nationaux, d'actions et d'obligations étrangères, mais une raison d'effectuer ce genre de placement dans des pays alliés ou amis plutôt qu'ailleurs. Et cependant il semble que l'acquisition d'actions d'entreprises situées en Allemagne, en Autriche, en Bulgarie, en Turquie soit à l'ordre de jour et que le gouvernement voie d'un œil favorable les Français affirmer ainsi leur influence économique chez nos ex-ennemis.

Conséquences au point de vue fiscal. ⟶ Un autre point de vue, dont il n'a pas encore été suffisamment tenu compte dans les études sur les constitutions modernes des sociétés anonymes, est celui du fisc. On n'a pas mis en lumière les facilités remarquables que, dans la plupart des pays, la législation sur les sociétés donne à la perception de l'impôt. En effet, la règle générale de l'existence des sociétés, c'est la publicité. Au moins une fois par an, une assemblée générale doit être tenue, à laquelle les actionnaires sont convoqués. On lui soumet les comptes, préalablement examinés par des commissaires, et qui doivent être tenus à la disposition des intéressés pendant un certain temps. Le bilan est ainsi mis au grand jour ; il révèle la situation de l'entreprise ; cette situation se traduit par le compte de profits et pertes et, d'une façon plus précise encore, par la distribution d'un dividende. Dès lors, rien n'est plus aisé pour l'État que de percevoir le pourcentage fixé par la loi sur cette répartition de fonds entre les ayants droit. C'est là l'impôt idéal, celui qui est perçu par voie de retenue, c'est-à-dire sans discussion avec le contribuable, sans friction d'aucune sorte. C'est la société elle-même qui se trouve constituée agent de recouvrement et qui verse au Trésor sa part, en même temps qu'elle paie le coupon aux actionnaires. Le recouvrement est tout aussi aisé, cela va sans dire, pour les taxes perçues sur le coupon des obligations.

Assiette de l'impôt. ∽ La seule objection qui ait été faite à ce mode de perception de l'impôt est la suivante. Le dividende distribué, dit-on, ne correspond pas toujours aux bénéfices réalisés par l'entreprise. Il arrive qu'une partie de ceux-ci soient mis en réserve, d'une façon apparente ou cachée, soit par l'inscription au passif du bilan de sommes provisoirement maintenues dans la trésorerie de l'entreprise, soit par la réduction de l'évaluation de certains éléments de l'actif, qui figurent alors dans les écritures pour un chiffre inférieur à leur valeur réelle. Si, dans le premier cas, on peut concevoir un prélèvement fiscal sur les montants inscrits aux réserves apparentes, il ne saurait en aucun cas s'exercer sur les réserves cachées. Mais cette objection ne doit pas nous arrêter. Il est contraire à l'intérêt bien entendu de l'État de décourager les administrateurs prudents qui fortifient les réserves de leurs entreprises, en frappant dès maintenant de l'impôt des réserves qui serviront peut-être un jour à combler des pertes, qui empêcheront la ruine de l'affaire. D'ailleurs, les actionnaires sont là pour exiger la distribution d'une part raisonnable des profits sociaux ; les administrateurs eux-mêmes, quelle que soit leur sagesse, ont le désir légitime de toucher leur tantième sur les béné fices acquis. On peut considérer que de l'action de ces forces, plus contradictoires d'ailleurs en apparence qu'en réalité, naîtra un juste équilibre, et que les répartitions seront l'expression raisonnable de ce qu'il convient de faire. Dès lors pourquoi instituer une législation qui frappe les bénéfices au lieu des dividendes? C'est ouvrir

la porte à des débats incessants, à des difficultés constantes.

En Russie, où la législation assoit une partie des impôts frappant les sociétés non pas sur le dividende distribué, mais sur les bénéfices réalisés, l'établissement
des comptes est une source perpétuelle de discussions
entre les contribuables et le fisc. Il n'est pour ainsi dire
pas de cas où les chambres des finances, qui sont chargées
de ce service, ne revisent les bilans qui leur sont soumis
et ne contestent les écritures qui leur sont présentées.
Une loi qui fait naître des difficultés pareilles, et qui
organise à l'état permanent la lutte entre le percepteur
et l'assujetti, est déjà de ce fait seul condamnée.

Il viendra toujours un moment où les profits d'une
entreprise seront répartis entre les actionnaires, et ce
jour-là l'État recevra sa part. Il a intérêt à ce qu'il se
constitue dans le pays le plus grand nombre possible de
sociétés ; car la richesse ainsi mise au grand jour est
celle que l'impôt atteint le plus aisément, le plus sûre-
ment, le plus économiquement, les frais de perception
étant pour ainsi dire nuls et les difficultés de perception
inexistantes. Le jour où toutes les entreprises d'une
nation auraient été transformées en sociétés anonymes,
l'État percevrait le plus clair de ses impôts avec une facilité extraordinaire.

CHAPITRE XII

LES LEÇONS DE LA GRANDE GUERRE
EN MATIÈRE FINANCIÈRE

L'INCARNATION DE LA RICHESSE. || PERMANENCE
DE LA RICHESSE IMMOBILIÈRE. || EFFETS DE LA GUERRE.
MOUVEMENTS DES COURS. || COMPLEXITÉ POUR LES NATIONS
DÉMEMBRÉES. || POLITIQUE A SUIVRE PAR LES FRANÇAIS.

L'*INCARNATION de la richesse.* ⌒ Par un beau soir d'été de l'an 1900, je dînais, à Viroflay, chez mon regretté confrère et ami Anatole Leroy-Beaulieu, le grand moraliste, l'éminent historien de la Russie. Au nombre des convives se trouvait son frère Paul, l'illustre maître qui, pendant un demi-siècle, a tenu une place si considérable dans la science économique. Sous les ombrages du jardin, nous discutions et nous nous plaisions à poser des problèmes tels que celui-ci : « Si chacun de nous devait immobiliser son patrimoine pour cent années et déterminer à l'heure actuelle la forme sous laquelle il le transmettrait à ses arrière-petits-enfants, que déciderait-il? » Paul Leroy-Beaulieu opina pour l'or, et moi pour la fortune immobilière, me fondant sur cette considération, déjà soutenue par les physiocrates, que toute richesse vient du sol, que la quantité qui en est à la disposition de l'humanité est limitée et que, par conséquent, sauf accidents locaux et passagers, la valeur n'en saurait décroître.

Permanence de la richesse immobilière. ⌒ La guerre qui s'est terminée en 1918 a donné raison à cette opinion.

De toutes les formes de la richesse, celle qui non seulement a reçu les moindres atteintes, mais qui, dans bien des cas, a vu croître singulièrement sa valeur, c'est la propriété immobilière. Celle qui a été détruite par les belligérants sera restaurée aux frais de l'État. Partout où elle subsiste, nous assistons au phénomène étrange, et inattendu pour beaucoup de ceux qui n'avaient pas réfléchi, de l'élévation rapide et considérable de la valeur vénale des immeubles. Dans les grandes villes comme Paris, cela s'explique par le fait qu'aucune construction nouvelle n'a été érigée depuis 1914, que l'entretien des maisons qui existent a pu à peine conserver un nombre de locaux égal à celui qui existait, alors que la population urbaine croît d'une façon régulière, enfin et surtout du fait que, pour édifier en ce moment des bâtiments semblables à ceux qui existent, il faudrait dépenser une somme cinq fois supérieure au coût de premier établissement de ces derniers.

A la campagne, la hausse de la terre est encore plus marquée que celle des immeubles urbains. Les produits du sol ont augmenté de prix dans la proportion du double, du triple, du quadruple. Le blé, au lieu de 25, vaut 235 francs le quintal ; le vin 120 francs au lieu de 30 francs l'hectolitre, et le reste à l'avenant. Une autre cause s'ajoute à celle-là. Les fermiers ont retiré de leurs baux établis sur la base des anciens prix des bénéfices inespérés. Ils se sont enrichis de telle façon qu'ils ont des sommes d'argent énormes à leur disposition. L'emploi qu'ils en font, de préférence à tout autre, est l'achat de terres : aussi les voit-on, dans toutes nos provinces, acquérir les domaines au fur et à mesure que ceux-ci sont mis en vente. Cette demande incessante contribue à la hausse des prix des fonds ruraux, qui atteignent un niveau inconnu jusqu'ici. La plupart des hypothèques qui grevaient une partie des domaines ont été remboursées par les emprunteurs.

INITIATION FINANCIÈRE

Effets de la guerre. ⌒ On eût fort étonné les proprié-taires d'avant 1914 en leur prédisant que tel serait l'effet de la guerre sur la valeur de leurs biens. Mais on a rencontré, sur le domaine financier, bien d'autres surprises. Tout d'abord la durée des hostilités et l'immensité des sommes dépensées. Des gens à courte vue et sourds aux leçons de l'expérience annonçaient que la lutte ne pourrait se prolonger plus de quelques mois. Arguant du fait que toutes les forces vives des nations combattantes étaient mises en ligne, ils pensaient pouvoir assigner une limite à cet effort ; ils calculaient mal les ressources dont chacune d'elles disposait, et ils oubliaient que le reste du monde, les neutres, travaillait pour les belligérants et leur faisait crédit. Les budgets militaires ont atteint des hauteurs invraisemblables. Quiconque, il y a cinq ans, eût parlé des centaines de milliards dépensés dans plusieurs pays, tels que la Grande-Bretagne, la France, l'Allemagne, eût été traité de visionnaire. Il est vrai que le réveil est dur, et que c'est un terrible problème qui se pose aujourd'hui devant ces nations que celui des moyens à trouver pour éteindre ce formidable passif. Mais les chiffres n'en sont pas moins là, et les dépenses ont été faites ; le total en dépasse 1 000 milliards de francs pour l'ensemble des belligérants. Les dettes publiques de certains d'entre eux ont été décuplées ; toutes ont crû dans une proportion inattendue.

Les cours des fonds d'État. ⌒ La conséquence inévitable a été la chute des cours des fonds d'État : la rente 3 p. 100 française est tombée de 85 à 47 ; le 2 1/2 anglais, de 80 à 53. De nouveaux types ont été créés : le 5 et le 6 p. 100 en France, le 5 en Grande-Bretagne, le 4 1/2 aux États-Unis. Malgré cette élévation de l'intérêt, beaucoup de ces fonds n'ont pu se maintenir au pair ; à la fin de l'année 1925, le 5 p. 100 français est à 57, le 4 1/2 anglais à 95, par contre le 4 p. 100 américain est au pair ; le taux de l'escompte commercial est d'ailleurs tombé à

4 1/2 aux États-Unis ; en outre le cours de ce fonds est maintenu à un niveau élevé par l'exemption d'impôt promise à ses porteurs.

Mais ce qui est plus inattendu que cette baisse, facilement explicable, c'est la tenue de certains fonds, dont le service a été interrompu, et pour lesquels les cotes continuent à enregistrer des cours relativement élevés. Le 5 p. 100 russe se négociait encore, au début de 1920, aux environs de 58, c'est-à-dire à plus des deux tiers de son prix d'avant-guerre. Depuis lors, à mesure que s'éloignaient les perspectives d'un règlement équitable, la chute de ces fonds s'est accentuée : en 1926, le 5 p. 100 russe est coté à 27. Le 4 p. 100 turc unifié est à 85. Il est vrai que le service de celui-ci était assuré par la caisse de la Dette publique, gérée par les délégués des grandes puissances, et que les porteurs espèrent être remis en possession d'une partie au moins des revenus qui leur étaient spécialement affectés. D'une façon générale, les cours des fonds d'État n'ont pas jusqu'ici été déprimés dans une mesure aussi large qu'on aurait dû le redouter en face du cataclysme qui s'est produit. L'avenir réserve peut-être d'autres déceptions aux porteurs qui persistent à penser que leurs débiteurs s'acquitteront de leurs obligations. En tout cas, il existe une telle solidarité entre les Trésors publics et les innombrables citoyens qui leur ont confié une partie de leur épargne que de vigoureux efforts seront faits pour assurer le service des Dettes publiques.

Dans le domaine des valeurs particulières, les étonnements n'ont été ni moins nombreux ni moins profonds. Nous ne parlerons pas des phénomènes dus aux changes, comme celui de la hausse de la rente 4 p. 100 espagnole, cotée à 350 p. 100 sur le marché de Paris, fin 1925.

D'une façon générale, le cours des valeurs étrangères payables dans la monnaie de leur pays d'origine a subi une hausse ou une baisse proportionnelle à celle du change sur ces pays. Cette rente extérieure espagnole, que nous avons prise pour exemple, n'est pas seulement payable en francs, elle l'est aussi en pesetas. A l'heure où chacune de celles-ci valait 3 fr. 80, le cours de la rente, qui s'exprime à Madrid par 83 pesetas, devait être à Paris de 83 × 3 fr. 80, c'est-à-dire 315. L'action des chemins de fer Nord-Espagne, cotée à Barcelone 417, s'est échangée en France à 1 650. Dans le premier cas, 83 pesetas équivalent à 315 francs ; dans le second, 417 pesetas à 1 650 francs. Inversement, les valeurs des pays à change déprécié par rapport au nôtre s'inscrivent à Paris à des cours plus bas que dans leur pays d'origine. L'action des chemins de fer Lombards, cotée à Vienne 279 000 couronnes, vaut 60 francs à Paris, la couronne ne valant plus que deux dix-millièmes de franc.

Nous en avons dit assez pour expliquer les écarts de cote résultant de la dénivellation des changes. Cherchons maintenant à nous rendre compte des mouvements qui se sont produits au cours de la guerre et depuis la conclusion de la paix sur un certain nombre de valeurs.

Mouvement des cours pendant la guerre. ∽ Considérons les actions de nos grandes banques et groupons dans un tableau le cours de juillet 1914, le plus bas cours de 1915, ceux de septembre 1920 et du début de janvier 1926.

Banques.	Juillet 1914.	Plus bas cours en 1915.	Septembre 1920.	Janvier 1926.
Banque de Paris et des Pays-Bas..........................	1 150	775	1 680	1 300
Crédit Lyonnais................	1 330	885	1 670	1 600
Société générale..............	665	490	760	800
Comptoir d'Escompte.........	898	640	1 050	900
Crédit Mobilier Français......	411	335	570	460

Les cours, après avoir subi une chute profonde, ont regagné un niveau élevé en 1920, pour reperdre en 1926 une partie de leur avance. Il semble donc que, pour cette catégorie de titres, les effets de la guerre soient déjà conjurés. Et de fait si, du chef de leur portefeuille étranger, les établissements ont subi des pertes, ils voient, par contre, s'ouvrir devant eux des perspectives brillantes d'affaires actives et étendues. Les chiffres des dépôts ont dépassé l'ancien niveau. Les banques d'affaires dirigent leur attention à la fois vers les œuvres de reconstitution nationale et vers nos alliés, vers les pays nouveaux sortis de la guerre, où notre concours financier est ardemment désiré.

Tournons nos regards vers les actions industrielles :

Actions industrielles.	31 Juillet 1914.	Plus bas cours 1915.	Septembre 1920.	Janvier 1926.
Suez	4 300	3 890	6 775	13 000[1]
Thomson-Houston	560	490	1 130	300
Compagnie Générale Transatlantique	98	100	432	130
Compagnie Générale des Eaux.	2 075	1 695	853	1 000
Gaz pour la France et l'Étranger	712	648	357	760
Compagnie Parisienne de Distribution d'Électricité	490	380	320	900

Ici, nous ne sommes pas en présence d'une marche uniforme, et nous sommes obligés d'entrer dans l'analyse de la situation de chacune de ces entreprises pour expliquer la cote. La Compagnie de Suez a vu ses titres remonter très vivement et dépasser les cours d'avant-guerre, parce que le trafic du canal est plus intense que jamais et que les droits de transit se perçoivent en monnaie anglaise, qui fait prime par rapport à la nôtre. La Compagnie Thomson-Houston n'a pas distribué de dividende en 1924, ce qui explique la baisse des cours ; la Compagnie générale des Eaux, qui n'avait qu'un rôle de fermier ou de régisseur vis-à-vis des municipalités, a vu ses charges augmenter sans avoir jusqu'ici trouvé une compensation suffisante dans les élévations de tarifs. Le Gaz pour la France et l'Étranger, après avoir souffert de la hausse du charbon, a repris le paiement de ses dividendes en 1921 ; son capital d'ailleurs a été porté de 32 à 50 millions en 1923. La Compagnie de Distribution d'Élec-

(1) Action dédoublée depuis 1924.

tricité a porté progressivement ses dividendes de 10 à 60 francs depuis 1920.

Règles pour les placements. ∽ Quelles leçons se dégagent de la Grande Guerre au point de vue des règles à suivre pour les placements? Il est certain que, dans aucun ordre d'idées, nos actes ne peuvent être guidés par la préoccupation exclusive d'un cataclysme comme celui qui s'est abattu sur le monde en 1914. La crainte des conséquences possibles paralyserait toute espèce d'esprit d'entreprise. Aujourd'hui, malgré les imperfections du Traité de Versailles et le nombre des questions redoutables qu'il n'a pas résolues, il est permis d'espérer qu'une longue période s'écoulera avant qu'un fléau semblable soit déchaîné sur l'humanité.

Il ne nous est pas interdit toutefois de tirer un enseignement des événements auxquels nous venons d'assister. Le règlement des dettes publiques joue un rôle considérable dans les préoccupations d'après-guerre. Pour les grandes nations qui subsistent dans leur intégralité, ou ne subissent que des modifications territoriales insignifiantes par rapport à leur étendue totale, le problème budgétaire est difficile à résoudre, mais non insoluble. Les États-Unis, la Grande-Bretagne, l'Italie ont, au cours même des hostilités, établi courageusement de nouveaux impôts, qui d'ores et déjà assurent le service des emprunts. La France, plus lente à se décider, a retardé quelque peu la mise en application de taxes additionnelles ; mais elle vient, elle aussi, d'édicter un code d'imposition qui remettra ses finances en ordre. Les créanciers de ces grands pays ne souffrent dans leurs revenus que dans la mesure où l'impôt les atteint, comme par exemple l'*income tax* anglais, qui est retenu par voie de déduction et qui, en ce moment, ampute 20 p. 100 du coupon des rentes comme des autres valeurs.

Complexité du problème pour les nations démembrées. ∽

Le problème est plus complexe pour les pays qui, comme l'Autriche-Hongrie, ont cessé d'exister sous leur ancienne forme et se trouvent morcelés en un grand nombre d'États nouveaux. Le Traité de Saint-Germain a décidé (art. 203) que chacun des États auxquels un territoire de l'ancienne monarchie austro-hong oise est transféré et chacun des États nés du démembrement de cette monarchie, y compris l'Autriche, devront assumer la responsabilité d'une fraction de la dette de l'ancien gouvernement autrichien, spécialement gagée sur des chemins de fer, des mines de sel ou d'autres biens, telle qu'elle était constituée le 28 juillet 1914. D'autre part, chacun des États auxquels un territoire de l'ancienne monarchie austro-hongroise est transféré et chacun des États nés du démembrement de cette monarchie, y compris l'Autriche, devront assumer la responsabilité d'une part de la dette de l'ancien gouvernement autrichien non gagée, représentée par des titres, telle qu'elle était constituée le 28 juillet 1914, et calculée en prenant pour base la moyenne des trois années financières 1911, 1912 et 1913, d'après le rapport existant entre telle catégorie de revenus dans le territoire réparti et les revenus correspondants de la totalité des anciens territoires autrichiens.

Dans le traité turc, on a appliqué le même principe territorial, c'est-à-dire que les provinces détachées de l'Empire Ottoman entraîneront pour le nouveau possesseur l'obligation de prendre en charge une fraction correspondante de la Dette générale.

Il n'a été fait d'exception à cette règle que pour l'Alsace-Lorraine, qui est rendue à la France sans que nous ayons eu à assumer de ce chef aucune part de la dette allemande, et pour les provinces polonaises détachées de l'Empire allemand : le nouveau royaume polonais n'est pas responsable de la part de la dette dont l'origine remonte aux mesures prises par les gouvernements allemand et prussien pour la soi-disant colonisation allemande de la Pologne. Enfin, la Belgique n'est responsable d'aucune part de la dette allemande du chef des biens et propriétés appartenant à l'Empire et aux États allemands situés sur les territoires acquis par elle en vertu du traité de paix.

Politique à suivre par les Français. ○ Pour nous, Français, que se dégage-t-il des événements dramatiques auxquels nous venons d'assister? Devons-nous renoncer, à l'avenir, aux placements étrangers, qui ont joué antérieurement un si grand rôle dans notre vie financière? Il est évident que, au cours des dernières années, nos capitaux disponibles ont été sollicités à l'intérieur de nos frontières, de telle façon que nous n'avons guère eu la tentation de les placer au dehors. La seule reconstitution de nos départements dévastés a exigé des sommes énormes. Il est vrai que celles-ci doivent être payées par l'Allemagne : mais il a fallu qu'elles fussent disponibles immédiatement, et nous avons été appelés à en faire l'avance en attendant que nos ennemis exécutent leurs engagements. C'est ainsi que la Société du Crédit national pour la réparation des dommages de guerre a émis pour 25 milliards de Bons et d'obligations, afin de venir immédiatement en aide aux sinistrés, dont le droit à indemnité a été reconnu. Bien d'autres objets solliciteront nos capitaux : le Crédit Foncier pour ses prêts hypothécaires ; les grandes Compagnies de chemins de fer pour leurs travaux de réfection, d'agrandissement, pour l'électrification de leurs lignes, pour l'augmentation de leur matériel, s'adresseront à l'épargne. L'État enfin sera le principal emprunteur sur le marché et devra émettre des chiffres considérables de rentes à des taux rémunérateurs pour les souscripteurs. De tous côtés, par conséquent, les disponibilités des banques et des particuliers seront sollicitées en France.

Utilité des placements étrangers. ○ Il ne faudrait cependant pas cesser de regarder ce qui se passe en dehors de nos frontières. Tout d'abord, nous y avons encore des intérêts considérables. Si nous avons vendu, au cours de la guerre, pour un certain nombre de milliards de francs, des titres étrangers que nous possédions en 1914, il nous en reste encore beaucoup, particulièrement ceux de pays ennemis et ceux d'un pays allié qui souffre d'une crise intense, la Russie. Ce serait une grave erreur que de nous en désintéresser. Nous avons là des valeurs qui forment un élément important de l'actif de notre nation. Nous devons apporter toute notre attention à la conservation de cette part de notre patrimoine national, dont l'intégrité doit être plus que jamais préservée.

Nous allons plus loin. Il est certaines entreprises, par exemple dans l'Amérique du Sud, où nous avions engagé des capitaux considérables et qui ont besoin d'aide pour être terminées et donner les résultats espérés. Il convient de faire l'effort nécessaire pour mener à bonne fin les travaux commencés. Le gouvernement donnera certainement les autorisations nécessaires à l'exportation de ces sommes, qui permettront de retirer les fruits d'un travail commencé depuis longtemps et sans lesquelles tout l'édifice risquerait de s'écrouler.

Concentration à l'intérieur des frontières. ☞ Mais, en dehors de ces cas, c'est-à-dire de valeurs dépréciées, qu'il faut relever et d'entreprises commencées qu'il s'agit de terminer, c'est un devoir de tout bon Français que de réaliser les titres étrangers qu'il possède et qu'il peut vendre dans des conditions favorables. Nous ne ferons d'exception que pour les actions de sociétés dans lesquelles nous exerçons une influence, sommes représentés par des administrateurs, des directeurs, où l'intérêt national nous commande de garder nos titres, d'exercer notre droit de vote aux assemblées générales, de conserver, en un mot, par les moyens dont nous disposons, l'influence légitime que nous pouvons avoir dans ces entreprises.

Aide aux Alliés. ⌒ Il pourra être également de bonne politique, dès que l'horizon se sera éclairci, de continuer à venir en aide à certains de nos Alliés, à leur permettre d'ouvrir chez nous la souscription à certains de leurs emprunts si l'état des changes le permet.

Devoirs des industriels et des commerçants. ⌒ Les industriels et les commerçants ont, eux aussi, une tâche financière à remplir. En travaillant de toutes leurs forces, les premiers, à la production, les seconds à l'exportation d'objets fabriqués ou même de matières premières et de denrées que nous avons en excédent de nos propres besoins, ils contribueront efficacement au relèvement financier de la France. Car l'exportation, que seule une production intense rend possible, améliore le cours des changes, libère nos importateurs d'un lourd fardeau, en abaissant le prix des monnaies étrangères dont ils ont besoin pour leurs affaires, et rétablit l'équilibre commercial, qui doit être à la base d'un budget sain et qui est la garantie d'un bon régime monétaire.

Politique monétaire. ⌒ La dernière leçon qui se dégage de la guerre, celle sur laquelle nous ne saurions trop insister, c'est qu'il faut éviter en temps de paix d'avoir recours à l'inflation fiduciaire, à la multiplication des billets de banque, créés non pour des besoins commerciaux légitimes, mais pour fournir des ressources au Trésor public. Ces émissions exagérées sont la cause principale de la cherté de l'existence, de la hausse désordonnée des prix, de l'instabilité des conditions fondamentales de la vie, de la perturbation des changes. Tous les moyens d'alimenter le budget sont préférables à celui-là. Une démonstration éclatante de cette vérité a été fournie au Parlement anglais, en novembre 1919, par Lord d'Abernon, qui a dressé un tableau de la hausse des prix qui s'est produite depuis cinq ans, dans un certain nombre de pays. A côté des chiffres qui enregistrent cette hausse, il a placé ceux de la circulation fiduciaire : or le parallélisme est parfait. A mesure que cette dernière s'enfle, les prix montent dans la même proportion.

Il faut évidemment un effort très sérieux et une persistance de volonté obstinée pour arriver à ce résultat. Rembourser la Banque de France en remplaçant par une dette à gros intérêt une avance qui ne coûte presque rien semble au premier abord une mauvaise opération pour le Trésor. C'est cependant la plus urgente. C'est elle qui doit être l'un des facteurs essentiels de la baisse des prix, qui marquera le commencement de l'assainissement de la situation économique.

CHAPITRE XIII

CONCLUSION

CE QU'EST LA FINANCE. ‖ RÔLE DE L'ÉTAT.
LA VÉRITABLE RICHESSE. ‖ DEVOIRS DES INDUSTRIELS
ET DES COMMERÇANTS.

Ce qu'est la finance. ∽ L'initiation financière n'est pas autre chose que la science de la vie économique. La finance est une résultante de l'activité générale du pays. Selon que celle-ci sera bien ou mal orientée, selon que le budget de l'État sera sagement géré ou compromis dans des aventures, selon que les particuliers verront leurs efforts intelligemment soutenus par une administration qui leur laissera un maximum de liberté ou contrariés par un étatisme renforcé, les finances seront prospères ou malades.

Finances publiques et finances privées sont dans une dépendance plus étroite que jamais. L'idéal à poursuivre est celui de la liberté maxima laissée au développement des forces individuelles. En prononçant ce mot, nous n'avons pas seulement en vue les individus isolés, mais les sociétés privées, si nombreuses, si puissantes chez les nations modernes et par lesquelles tant de grandes œuvres ont été accomplies et s'accomplissent tous les jours. Elles s'opposent de la façon la plus heureuse à l'action de l'État, qui, de l'aveu général, travaille mal, cher et lentement.

Rôle de l'État. ∽ Au tournant de l'histoire auquel nous

sommes arrivés, le problème financier se pose de la façon suivante. Toutes les forces de la nation doivent être mises en œuvre pour donner leur maximum de rendement. Pour cela il faut que l'État remplisse son rôle, qui est de les protéger et de permettre, à l'abri de la puissance publique, de développer toutes les ressources de l'intelligence et de l'initiative des citoyens.

La véritable richesse. ∽ Il ne faut pas perdre de vue les réalités qui sont à la base de la finance. Ce sera le dernier mot de cette initiation, qui ne serait pas complète si une méditation finale ne nous apprenait à connaître le sens exact et la valeur véritable des chiffres qui peuvent sembler, à l'observateur superficiel, enfermer toute la science de la finance. Or, on n'a bien pénétré celle-ci que lorsqu'on a découvert les fondements mêmes de la richesse, dont la finance n'est que le dénombrement et l'expression. Des époques comme celles que nous venons de traverser démontrent cette vérité d'une façon éclatante. La guerre, qui met en œuvre toutes les forces des peuples, ne peut se poursuivre qu'à l'aide des matières premières, des denrées alimentaires, des objets fabriqués indispensables au ravitaillement des armées et de la population civile. C'est bien au moyen des finances que tout cela s'acquiert Mais, par lui-même, l'argent est stérile et ne peut remplacer ni le moindre épi de blé, ni une parcelle du minera de fer indispensable aux usines.

La diminution de la production agricole et industrielle a été la cause d'un malaise profond et, pour beaucoup d'hommes, de souffrances cruelles. Les gouvernements ont voulu y remédier en multipliant les signes monétaires et en les distribuant libéralement à une partie de la population. C'était méconnaître la source des difficultés. Elles provenaient d'une insuffisance passagère des produits et non de celle des instruments de circulation. Ceux-ci n'exercent une action que dans la mesure où ils stimulent la production ; ils se déprécient lorsqu'ils sont créés en quantité exagérée et, dès lors, loin de rendre service, ils nuisent, parce que ceux qui les ont reçus ne tardent pas à en voir diminuer le pouvoir d'achat et subissent, de ce chef, un préjudice qui va s'aggravant sans cesse.

Rôle des métaux précieux. ∽ Les métaux précieux, qui ont une tout autre valeur que le papier, ne doivent cependant pas être considérés comme une richesse primordiale. Ils sont stériles en eux-mêmes et incapables de satisfaire aucun des besoins essentiels de l'humanité. Mais ils lui rendent ce service inestimable d'être acceptés, de temps immémorial, par l'universalité du genre humain, en paiement du prix des choses, et de former à la fois une commune mesure de la richesse et un moyen d'échange entre les hommes. Ceux-ci demandent à être nourris, vêtus, logés, chauffés et éclairés. Il leur faut des matières alimentaires, des tissus, des maisons, du charbon et de la lumière.

Les combinaisons financières sont utiles en ce qu'elles mettent entre les mains des producteurs le capital monnayé qui leur permet de fabriquer les objets dont l'humanité a besoin. Produire et par conséquent travailler ! Tels sont les deux mots qui n'ont jamais retenti plus souvent qu'au lendemain de la Grande Guerre, et à juste titre. Car la solution du problème financier est là, et non ailleurs. C'est la vérité dont tous les hommes doivent se pénétrer afin d'y conformer leur conduite. Il est oiseux de chercher à échafauder telles ou telles combinaisons ingénieuses en matières de change, d'emprunt ou d'impôts, si elles n'ont pas à leur base l'agriculture et l'industrie, que le grand Sully, il y a plus de trois siècles, appelait déjà les mamelles de la France.

Certes les questions financières techniques sont importantes, mais elles sont fonction du problème essentiel celui de la terre et de l'usine.

Produits du sol et de l'usine. ∽ Quand nous récoltons

89 millions de quintaux de blé en 1925, au lieu de 65 millions en 1920, c'est 4 milliards de francs qui jaillissent du sol de France. Nos fabriques de Roubaix et de Tourcoing réédifiées, reçoivent les laines d'Argentine et d'Australie, tissent ces étoffes sans rivales qu'elles expédient dans le monde entier, et ce sont d'autres milliards qui rentrent dans nos caisses. Nos marchands de la rue de la Paix, nos soyeux de Lyon sont approvisionnés des matières qu'ils transforment en chefs-d'œuvre d'élégance et de beauté, et les étrangers affluent de nouveau dans notre capitale et nos grands centres pour y acquérir ces articles de mode qu'on ne trouve que chez nous. Plus ces agriculteurs, ces négociants, ces industriels gagneront d'argent et plus ils paieront d'impôts. Ils souscriront dans une plus large mesure aux emprunts d'État, ils aideront au relèvement du crédit public et permettront au Trésor de procéder aux conversions de rente qui allégeront progressivement nos budgets. Ceux-ci s'amélioreront donc à la fois par une augmentation des rentrées et une diminution des dépenses. D'autre part, grâce à l'augmentation de la production indigène, nos importations baisseront, nos exportations s'accroîtront, et notre change s'améliorera. Non seulement le fardeau des impôts paraîtra plus léger à des populations qui auront retrouvé leur prospérité d'antan, mais on peut rêver d'un jour où on les diminuerait. Si cette mesure semblait prématurée, on consacrerait les excédents budgétaires à l'amortissement de la dette.

Programme à suivre. ∽ Tel est le programme que la génération nouvelle doit avoir devant les yeux. Nous avons exposé, dans l'un des chapitres du présent ouvrage, que les difficultés actuelles du Trésor, sa dette énorme proviennent surtout des sommes engagées pour réparer les ruines de la guerre, pendant les années où l'on pouvait croire que ces « dépenses récupérables » seraient rapidement récupérées sur nos anciens ennemis. Cette illusion s'est envolée avec le plan Dawes ; d'autre part, nous devrons fixer à bref délai avec nos deux grands créanciers, les États-Unis et l'Angleterre, le mode de paiement de dettes qui dépassent 800 et 600 millions de livres sterling, soit au total 182 milliards de nos francs actuels. Souhaitons que ces versements annuels ne soient pas supérieurs à ceux que nous recevrons de l'Allemagne.

Même dans cette hypothèse favorable, nous aurons à porter seuls le poids de nos dettes consolidée, flottante et viagère, avec un budget dépassant 40 milliards. Fardeau énorme, qui ne pourrait augmenter, ni même se perpétuer, sans tarir les sources de notre richesse ; il y a un point, en effet, où l'effort individuel est découragé par le prélèvement des impôts. Mais si chaque citoyen travaille au relèvement national, comme c'est son devoir et son intérêt, la situation doit se modifier rapidement. Une seule année de large excédent budgétaire relèverait le crédit public et permettrait des économies, notamment dans le service de la dette ; le change s'améliorerait et le coût de la vie baisserait. La seule solution, la seule voie de salut, maintenant comme toujours, c'est l'intensité du travail et l'accumulation de l'épargne.

Les finances sont un effet et non une cause. ⌁ L'initiation financière nous conduit donc à cette conclusion, que les finances sont un effet et non pas une cause ; elles sont la résultante de la situation économique de la nation. « Faites-moi de bonne politique, disait le baron Louis, et je vous ferai de bonnes finances. » Nous nous rallions à cette devise, en ajoutant seulement une épithète : « Faites nous de bonne politique économique, dirons-nous, et les bonnes finances se feront d'elles-mêmes. »

Sagesse économique. ⌁ Telle est la vérité fondamentale. La sagesse économique consiste à encourager de toutes les manières les efforts individuels faits pour la création des richesses, la meilleure utilisation du sol, des cours d'eau, des mines, des forces hydrauliques naturelles, à favoriser par une législation libérale les créations de sociétés, à ne pas décourager par une fiscalité tracassière ceux qui travaillent dans l'intérêt public en édifiant leur fortune. On oublie trop souvent que la richesse publique n'est pas autre chose que l'addition de celles des particuliers. Plus ceux-ci prospéreront, et plus l'État sera fort, plus il aura à sa portée de réservoirs où il puisera les ressources dont il a besoin. Non seulement il n'y a pas antinomie entre ces deux richesses, mais l'une n'existe qu'en fonction de l'autre.

La bonne gestion des finances particulières est une des conditions fondamentales de la prospérité publique. Celle-ci ne peut s'appuyer que sur les revenus privés, lesquels proviennent de deux sources, le travail et le capital, qui n'est d'ailleurs pas autre chose que du travail accumulé.

Ne limitons donc pas le travail ; poussons à une production de plus en plus intense, qui donne à la masse le plus de ressources possible. C'est là le dernier mot de la finance, qui se trouve ainsi en plein accord avec l'économie politique.

Le véritable financier. ⟶ Il règne, chez certaines gens, une sorte de préjugé à l'endroit des financiers. Cela tient probablement à ce que, là comme ailleurs, le bien et le mal se coudoient et que des hommes qui ne sont que des agioteurs se sont parés d'un nom qui ne leur appartenait point. Le véritable financier est, au contraire, un personnage essentiel dans l'État, et le ministre des Finances devrait toujours être le chef du cabinet, ainsi qu'il l'a été pendant des siècles en Angleterre. Si, en effet, la finance n'est pas une fin en elle-même, elle est l'expression la plus sûre de la vie du pays. Puisque le résultat de tous les efforts dirigés vers la production des objets nécessaires ou utiles à notre existence se traduit par des expressions monétaires, et que celles-ci, à leur tour, symbolisent les capitaux formés par le travail, la science qui apprend à les gouverner, l'art qui en dirige l'emploi, méritent une place d'honneur dans l'ordre des activités humaines. Nous aurons atteint notre but si nous avons dans le volume qui précède, fait apparaître cette vérité aux yeux de nos lecteurs.

TABLE DES MATIÈRES

PREMIÈRE PARTIE
L'INSTRUMENT DE LA FINANCE

CHAPITRE I
LA MONNAIE

CHAPITRE II
RAPPORTS INTERNATIONAUX DES MONNAIES. LE CHANGE. LA QUESTION DE L'OR ET DE L'ARGENT

DEUXIÈME PARTIE
FINANCES PRIVÉES

CHAPITRE III
LE BUDGET D'UN PARTICULIER

www.ingramcontent.com/pod-product-compliance
Lightning Source LLC
LaVergne TN
LVHW051117060726
842525LV00003B/945

9782329035376